この1冊ですべてわかる

生産管理の基本

The Basics of
Production and Operations Management

富野貴弘 [著]

Tomino Takahiro

日本実業出版社

はじめに

　この本は、ものづくり企業（メーカー）の生産管理についてゼロから学びたい人を対象にした入門書です。

　筆者は長年、いわゆる文系（商学・経営系）の大学生を相手に、自分の学問的バックグラウンドである経営学をベースにした「生産管理論」を教えてきました。生産管理というと、その言葉の響きから理工学的な印象を抱く学生が多く、文系（事務系）の人間がメーカーのなかでどういった役目を果たすのかというイメージそのものがあまり湧かないようです。また、世の中に生産管理に関する指南書はたくさんありますが、企業経営という視点から初学者向けに書かれたものは意外に少ないというのが実感です。

　そうした空白を埋めるため、ものづくりやメーカーの仕事に興味はあるけれど、技術の細かいことはよくわからないという人を念頭に置き、製品開発や工場等における生産活動と企業の競争力との関係について解説したのが本書です。逆に理工系の人には、社会科学（経営学）の立場から生産管理を学ぶことによって、製品や技術に対する新たな気づきを得てほしいと思います。

　そのような意図で書かれた定評のある本として、藤本隆宏『生産マネジメント入門Ⅰ・Ⅱ』（日本経済新聞社）があります。しかし、内容量がかなり多いこともあり（2巻を合わせると800ページ）、まったくの初学者にとっては少々ハードルが高いと言えます。筆者も講義ノートをつくる際には、藤本先生の本を大いに参考にしましたが、生産や経営について何も知らない大学生にも理解できるよう、内容の取捨選択とアレンジを適宜行ないました。そうしてでき上がったのが本書だとも言えます。他の本の宣伝をするのは少々気がひけますが、本書を読んでいただいた後で『生産マネジメント入門Ⅰ・Ⅱ』をお読みいただくと、生産管理についてより深く理解できると思います。そういう意味で、本書のコンセプトは「『生産マネジメント入門』のための入門書」です。

この本は「こうやったらコストダウンができる！」といった類の、生産管理のハウツーや具体的な処方せんを中心に示した実務書ではありません。筆者はコンサルタントではないので書きたくても書けないという能力的な問題もありますが、メーカーのなかで行なわれている各種活動が、どのようなプロセスを経て最終的な競争力（利益）に結びついていくのかという論理（ロジック）を提供するのが、本書の一番の目的です。したがって最初に読まれるときには、頭から順番にお読みいただくことをお薦めします。

　作家の井上ひさしさん（1934-2010年）の言葉に「難しいことをやさしく、やさしいことを深く、深いことを面白く」というものがあります。本書を書くにあたって、大切にしたモットーの1つです。それが成功しているかどうかは、読者の皆さんの判断にお任せする以外にないのですが、この本をきっかけにして、製造業に興味を持ってくださる方が増えることを願っています。そして何よりも、日本の製造業発展のために少しでも役に立てれば、筆者としてこれ以上の喜びはありません。

2017年1月
富野貴弘

＊　＊　＊

　本書の草稿を読んでくださり、貴重なアドバイスをいただいた下記の方々に、この場を借りて深く御礼を申し上げます（五十音順）。

　岡本博公先生（同志社大学／高知工科大学）、新宅純二郎先生（東京大学）、原頼利先生（明治大学）、藤岡章子先生（龍谷大学）、藤本隆宏先生（東京大学）、前田陽先生（明治大学）

生産管理の基本●目次

はじめに

第1章 ものづくり企業の競争力

1-1 生産からものづくりへ ─────── 10
──狭義の生産管理を超えて
- ▶企業経営の視点から　*10*
- ▶ものづくりの世界への招待　*10*

1-2 企業の競争力とは何か？ ─────── 12
──顧客と長期的な利益の獲得
- ▶継続して利益を獲得することが大事　*12*
- ▶価格のコントロールは難しい　*13*
- ▶低価格でも利益が出る仕組みをつくる　*13*
- ▶高価格設定で利益を上げるアップルやスイス時計メーカー　*14*

1-3 競争力を左右する要素 ─────── 16
──４ＰとＱＣＤが互いに支え合う
- ▶消費者の購買行動と４Ｐ　*16*
- ▶製品とは何か？　*17*
- ▶４Ｐを裏から支えるのがＱＣＤ　*18*
- ▶Quality（品質）　*18*
- ▶Cost（コスト）　*21*
- ▶Delivery（納期）　*21*

1-4 日本のものづくりの強みと弱み ─────── 22
──製品アーキテクチャという切り口を軸に
- ▶自動車とエレクトロニクス製品　*22*
- ▶製品アーキテクチャと製品の競争力　*23*
- ▶アーキテクチャの違いと日本のものづくりの特徴　*27*
- ▶日本のエレクトロニクス製品の競争力低下　*28*

▶日本企業に求められる問題発見力の深化　28
▶アーキテクチャ論に関する注意点　30
▶本書の見取り図　33

Column 製品アーキテクチャとスポーツ　35

第2章 大量生産システムの誕生と進化

2-1 大量生産システムは存続する ―― 38
――ものづくりの基本原理は変わらない

▶大量生産システムは過去の遺産なのか？　38
▶大量生産システムを産んだ時代背景　39

2-2 テイラーの科学的管理法 ―― 40
――成り行き経営から科学的経営へ

▶テイラーの生きた時代と組織的怠業の横行　40
▶組織的怠業からの脱却と生産効率の上昇　41
▶テイラーの功績　42
▶科学的管理法への批判　43

2-3 フォード・システム ―― 45
――今日まで続く大量生産システムの誕生

▶自動車の誕生　45
▶フォード・モーターの設立　46
▶Ｔ型フォードの誕生と大成功　47
▶Ｔ型フォードの集中生産　48
▶フォード・システムの成立　49
▶規模の経済と経験曲線効果　52
▶Ｔ型フォードの成功はいつまでも続かなかった　56

2-4 GMの台頭 ―― 57
――フレキシブル大量生産の幕開け

▶アメリカ自動車市場の成熟化とフォードの衰退　57
▶アルフレッド・スローンの登場とGMの躍進　57

2-5 大量生産システムが持つ課題とその克服 ─── 60
　　　──製品多様化との戦い
- ▶製品・工程ライフサイクルと生産性のジレンマ　60
- ▶大量生産システムに突きつけられる課題とは？　63
- **Column** 日本製造業の国際的躍進とリーン生産研究　65

第3章 品質管理

3-1 品質とは何か？ ─── 68
　　　──設計と生産の好循環が良品を生む
- ▶品質の良し悪しを決めるのは消費者　68
- ▶設計品質と製造品質　69
- ▶設計品質は消費者の声を代弁したもの　71

3-2 品質管理コストの考え方 ─── 72
　　　──品質とコストはトレードオフの関係？
- ▶不良の概念　72
- ▶公差とは何か？　73
- ▶品質とコストとの関係　74
- ▶伝統的な品質管理コストの考え方　75
- ▶日本的な品質管理コストの考え方　76

3-3 品質管理の歴史とＴＱＣ ─── 78
　　　──全社一丸で品質向上に取り組む
- ▶統計的品質管理の発展　78
- ▶日本におけるＴＱＣの発展　79
- **Column** 本田宗一郎と品質管理　80

3-4 品質改善の考え方 ─── 82
　　　──不良を根本から断つ
- ▶品質のつくり込みと５Ｓ　82
- ▶不良を防止する　83
- ▶標準なきところに改善なし　90

Column デミング賞とISO認定　91

第4章 コスト管理

4-1 製造原価の把握 ―― 94
――原価計算の基本
- ▶製品原価と価格　94
- ▶標準原価計算によるコスト管理　96
- ▶全部原価計算の欠点　98
- ▶スループット会計　100

4-2 CVP分析 ―― 102
――損益分岐点を把握する
- ▶CVP分析とは　102
- ▶損益分岐点比率は低いほうがよい　104

4-3 生産性の向上と改善活動 ―― 106
――稼働分析とムダの削減
- ▶生産性の概念　106
- ▶生産性の3指標　106
- ▶労働生産性と工数　107
- ▶労働生産性の向上　108

Column 低利益率の日本製造業　114

第5章 納期管理

5-1 納期と競争力 ―― 120
――受注生産と見込み生産
- ▶納期とは何か？　120
- ▶見込み生産と受注生産の違い　121
- ▶生産方式の違いと納期・在庫との関係　125

5-2 ものづくりにおける工程管理 ―――― 128
――製品多品種化への対応
- ▶生産計画の立て方　*128*
- ▶需要予測の精度を上げるために　*130*
- ▶製品の多品種化と生産対象期間の短縮　*131*
- ▶生産リードタイムという概念　*134*
- ▶在庫の役割と機能　*137*

5-3 購買管理の特徴 ―――――――――― 142
――ＭＲＰとかんばん方式
- ▶調達には時間がかかる　*142*
- ▶納品リードタイムと部品メーカーのものづくり事情　*143*
- ▶購買計画の立て方　*144*
- **Column** 日常生活での「かんばん方式」の応用　*149*

第6章 製品開発の基礎

6-1 製品開発の役割と特徴 ―――――――― 154
――品質と価格を大きく左右する
- ▶製品開発の重要性　*154*
- ▶製品開発の特徴　*155*

6-2 競争力と開発プロセス ―――――――― 158
――ＱＣＤと４つのフェーズ
- ▶製品開発のＱＣＤ　*158*
- ▶製品開発の基本プロセス　*161*

6-3 製品開発の組織 ――――――――――― 165
――分業と統合のバランス
- ▶機能をまとめるのが製品開発の仕事　*165*
- ▶機能を重視するのかプロジェクトを重視するのか　*166*
- **Column** カメラ付き携帯電話の開発物語　*170*

第7章 製品開発と競争力

7-1 高品質な製品の開発 ──── 174
　　　──設計と生産の支え合い
- ▶製品コンセプトの作成　175
- ▶製品コンセプトから機能設計へ　179
- ▶機能設計から詳細設計へ　183
- ▶詳細設計から工程設計へ　183

7-2 製品開発の効率性 ──── 187
　　　──開発工数をいかに低減するか
- ▶研究開発コスト　187
- ▶開発生産性と開発工数　187
- ▶開発生産性を左右する要因　188

7-3 製品開発期間の短縮 ──── 192
　　　──作業の並行化と問題解決の前倒し
- ▶開発期間と競争力　192
- ▶開発期間の短縮方法　193

注　198

参考文献　207

索　引　210

※本書に記載されている社名、ブランド名、商品名などは各社の商標または登録商標です。本文中に©、®、TMは明記していません。

装丁／志岐デザイン事務所（秋元真菜美）　本文DTP／一企画

第1章

ものづくり企業の競争力

「職人とか技術屋とかいうが、人間に必要だから貴いんで、もし何の役にも立たないものだとしたら何の価値もない」[1]

――本田宗一郎

「無理に売るな、客の好むものも売るな、客のためになるものを売れ」[2]

――松下幸之助

日本を代表する2人の企業家が残した上記の言葉は、「ものづくり企業の競争力とは何か？」という問題の真髄をついたメッセージです。この章では、そのことの意味を考えながら本書の狙いを明らかにします。

1-1 生産からものづくりへ
狭義の生産管理を超えて

▶企業経営の視点から

　読者の皆さんは**生産管理**という言葉、あるいはその仕事に対してどのようなイメージを持っているでしょうか。

　「生産」と聞くと、機械や技術・エンジニアといった理工学的な言葉を連想する人が多いかもしれません。工場見学やテレビ番組などでよく観る、ずらりと並んだ工作機械が製品を組み立て、それらがベルトコンベアの上を延々と流れていく光景を思い浮かべる人もいるでしょう。

　たしかに、工場などの現場で実際にものをつくるために必要な各種活動の運営や進捗管理を行なうのが、ものづくり企業（メーカー）における生産管理業務の役目です。本書でもその中身について解説しますが、ここでは、そうした生産現場の活動だけに着目するのではなく、話の対象をもっと幅広く設定しています。

　具体的には、製品の企画・設計から生産を経て、それを販売するまでの一連の企業活動全体に視野をひろげ、それらが**競争力**（後述するように**利益の獲得**）とどのような関係にあるのかという点を軸にして話を進めていきます[3]。言い換えれば、**企業経営**という俯瞰的な視点からメーカーの仕事と役割について考えてみようというわけです。

▶ものづくりの世界への招待

　したがって本書は、**メーカーを対象とした経営学**の本だとも言えます。生産とは別に、**ものづくり**という言葉をあえて使うのにも、そういった理由があります。そこで以下では、次のように言葉を使い分けています。「開

■図表1-1　ものづくりの視点

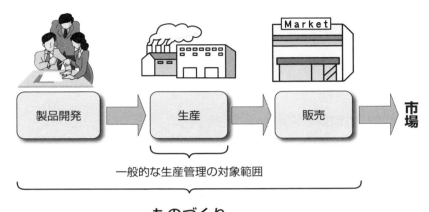

発（製品開発）」と言う場合には、製品の企画や設計・試作のことを指し、「生産」と言う場合には、開発が終わった後の工場での量産活動のことを表しています。そこに「販売」まで加えた総合的な企業活動が「ものづくり」というイメージです（**図表1-1**）。それを念頭において読み進めていただくと、これ以降の話がわかりやすくなるでしょう。

今述べたように、ものづくりを構成する各種活動（開発・生産・販売）が競争力へと結びついていくプロセスを描き出すことが大きな目的です。したがって、時折出てくる専門用語を覚えるような、いわゆるお勉強的な読み方はせず、あくまでも話の流れと論理を大切に、**ものづくり企業の競争力**について考えるきっかけにしてもらいたいと思います。

本書は、事務系・技術系の違いを問わず、メーカーに就職したばかりの新入社員や、製造業の仕事に興味を持っている学生など、ものづくり初学者を主な対象としていますが、すでにメーカーで働いている実務家の方にとっても、所属部署や職種にとらわれず、ものづくり全体のなかでの自分の仕事の相対的な立ち位置と役割について見直すよい機会になるはずです。

1-2 企業の競争力とは何か？
顧客と長期的な利益の獲得

▶ **継続して利益を獲得することが大事**

　初めに、「企業の競争力とは何か？」という根本的なところから考えていきましょう。企業経営について論じるときには、「競争力」のような、誰でもわかっているつもりになっている言葉に要注意です。特に競争力というのは、いろいろな意味合いで使われることが多いため、その定義をしっかり据えてから議論を始める必要があります。本書では、企業の競争力を次のように捉えています。

> 企業の競争力とは、市場で自社の製品が消費者に選ばれ、そのことが長期継続的に利益を生み出す力である

　まずは、自社が提供している製品をお客さんに買ってもらわないと何も始まりません。ライバル企業の製品ではなく、自分のところの製品を選んでもらう。何はともあれ、それがビジネスの起点です。同時に大切なのは、**利益の獲得**です。要するに「どれだけ儲けられるのか」ということです。「儲けるのが大切だ」と言うと、じつに身も蓋もないことのように思われるかもしれませんが、これが難しいのです。難しいからこそ、最も大切なのだと言うこともできます。

　例えば、赤字覚悟で競争相手よりも圧倒的な低価格をつけて製品を売れば顧客を獲得でき、瞬間風速的には売上（利益ではありません）が上昇するでしょう。しかし、その状態をずっと続ければ、いずれ経営が行き詰まることは誰の目から見ても明らかです。ビジネスの世界においては、**長く生き残る**ことが求められます[4]。そこで企業が安定して利益を確保するた

めには、基本的に次の２つの方法しかありません。

- 利益が出る価格をつける
- どのような価格であっても利益を出せる仕組みを構築する

　要するに「収入をしっかり確保し、支出は最小限に抑える」という当たり前のことを行なうのが企業経営の基本です。

▶価格のコントロールは難しい

　言うまでもなく製品の値づけは、利益獲得の鍵を握る重要な意思決定です。後述するように、ものづくりには必ず費用（コスト）がかかりますので、利益を得るためにはそれ以上の価格をつける必要があります。とはいえ、十分に利益が出る価格を常に設定できれば言うことはないのですが、価格は様々な外部環境要因（為替変動や景気、ライバル企業の動向など）によっても左右されます。つまり、自社の思惑だけでコントロールできないことが多いのもまた事実です。

　製品によっては、価格を下げたからといって必ずしも売上が伸びないケースもあります。ヨーロッパの高級ブランド品などは、高い価格であるからこそ消費者が満足して買っているという面があるでしょう。もし、フランスのエルメスやルイ・ヴィトンのかばんが格安で売られたとしても、それで売上が大幅に伸びるとは考えにくいと言えます。むしろ、製品それ自体に何か問題があるのかと思われて、長期的には売上が落ちる可能性さえあります。このように価格設定というのは、とてもデリケートで難しい問題です[5]。

▶低価格でも利益が出る仕組みをつくる

　もう１つ、安定した利益獲得に向け、企業が自らの力で確実にやれること（やらないといけないこと）は、どのような価格設定であっても利益が

出せるような状態を維持することです。それには、可能な限り低い費用（コスト）で製品を生み出し、市場へ送り出せるものづくりの仕組みの構築が必要になります。これは、古今東西どんな企業であっても等しく行なわなければなりません。

　もちろん、高い価格をつける努力をするというのも大切です。同じコストでつくっていても高価格をつけることのできる、言い換えれば、高い価格でも顧客が喜んで買ってくれる製品を生み出せる企業のほうが、利益獲得の機会と可能性が増えます。しかし、これは総じて日本企業が苦手としている側面です。日本では、儲けるという行為や言葉それ自体にあまりよいイメージを持っていない人が多いような気もします。

　いずれにせよ、日本のものづくり企業は「安くつくって安く売る」ことは得意でも、「高く売る」ことに関しては欧米企業のほうに一日の長があると言えるでしょう。今後は日本企業も、**長期的にしっかり儲ける**ということを強く意識した経営が必要であると筆者は思っています。

▶高価格設定で利益を上げるアップルやスイス時計メーカー

　例えば、アメリカのアップル社がiPhoneやパソコンのMacなどで、ライバル企業よりも高い価格を設定し高収益を上げていることは有名です。一説には、世界中のスマートフォンメーカーの利益額を足し合わせた合計における利益シェア（売上シェアではないことに注意）の大部分をアップル1社が握っているとも言われています。他にも、日本国内の腕時計市場を見てみると、高い収益率が見込まれる高級価格帯の領域では、オメガ（スウォッチグループ傘下）やロレックスに代表されるスイスの時計メーカーに多くのシェアを奪われています（右の新聞記事）。

　ここで最も重要なのは、他社との違いをつくる**差別化**です。つまり、他社が提供できていない価値（魅力）を生み出している製品だけがライバル企業と比べて高い価格をつけることができ、かつ価格競争にも巻き込まれず安定した利益を生み出します[6]。

●高価格を設定するスイス時計メーカーの報道

高級腕時計 強気の値上げ
オメガなどスイス勢
数％〜1割、販売好調で

スイスの高級腕時計メーカーが日本で相次ぎ販売価格を上げている。オーデマ・ピゲや、スウォッチグループ傘下のオメガが一部商品の価格を引き上げたほか、カールF.ブヘラが今月から主力モデルの一部を10％値上げした。原材料費の上昇が主因だが、各社は値上げしても「消費者に受け入れられる」とみているようだ。節約志向も指摘される国内消費だが、高級品の一部は強気姿勢だ。

カールF.ブヘラは主力シリーズ「パトラビ」のうち「エボテック」のき上げた。ドゥグリソノは定番シリーズ（中心価格300万円）の一部8モデルを値上げした。シリーズの平均価格は約100万円で約10万円引き上げた。

オーデマ・ピゲはモデルの価格を4％程度上げた。オーデマ・ピゲやオメガも一部モデルを値上げした。

時計のバンドなどに使われる金属など原材料が値上がりしている。ぜんまいを動力とする機械式時計は構造が複雑になっており人件費も膨らむ傾向にある。各社は今回の値上げについて「高級腕時計に対する消費者の購買意欲は依然として高い。値上げしても理解は得られる」と判断したという。

財務省貿易統計によると2015年のスイスからの腕時計輸入は137万個と14年比3％増えた。金額ベースでは約2400億円と18％増えた。15年の腕時計の国内市場は18％増の9002億円（日本時計協会調べ）。スイスを中心とする海外勢がシェアを拡大している。

15年のスイスからの腕時計輸入は金額ベースで18％増えた（オメガの銀座本店）

出所：『日本経済新聞』（2016年5月25日）

1-3 競争力を左右する要素
４ＰとＱＣＤが互いに支え合う

▶ 消費者の購買行動と４Ｐ

　次に、競争力という概念をもう少し分解して見ていきましょう。**企業の競争力を測るには、多面的に見なくてはならない**というのが、ここでのポイントです。１つの指標や側面からのみで競争力を捉えてはいけません。「自社の製品が消費者に選ばれ長期にわたって利益を上げる力」が競争力の基本であるとするなら、その大きさを定量的に測る指標は、市場シェアや利益、利益率あるいは株価です。例えば、市場シェアは自社の製品が消費者にどれだけ選ばれているのかというのを端的に表します。

　これらの指標全体を大きく左右するのは、言うまでもなく消費者の購買行動です。では、われわれ消費者が製品を選択するときには、何を判断基準にして意思決定を下しているのでしょうか。それを考えるときに有効な分析ツールの１つが、**マーケティングの４Ｐ**と呼ばれるものです。詳しくはマーケティング関連の本に譲りますが、簡単に説明します。

　４Ｐとは、**Product（製品）**、**Price（価格）**、**Place（流通、販売現場）**、**Promotion（販売促進）**の４つの頭文字を表しています。売上の増加をめざして、企業が市場に働きかけるためのこれら４つの手段の組み合わせを**マーケティング・ミックス**と言います。

　消費者も製品を選ぶときは、これらの指標を無意識のうちに組み合わせて購入判断の材料としています。製品（Product）そのものの質と値段（Price）、販売経路や店舗（Place）、店員の接客、そしてテレビＣＭや最近ではインターネット上にあふれる広告（Promotion）などの情報をもとに、買うか買わないかを考えます。皆さんも日常の買い物を思い浮かべてみれば、基本的にはこの４つの指標にもとづいて購買の意思決定をしているこ

とがわかると思います。

▶製品とは何か？

　ここで、そもそも「Product（製品）とは何か？」ということについて考えてみます。**製品というのは、便益（benefit）の束である**という考え方があります。有名な例では、女性が化粧品を買うという行為は、「美しくなれる」という便益を買っているのであり、液体や固形物を買っているのではないというものです。他にも、消費者がドリルを買うのは、「ドリルそのものが欲しいのではなくて、穴を開けたいからである」という名言もあります。

　つまりメーカーが消費者に対して本質的に売っているのは、技術そのものではなく、**便益という名の効用**なのだという考え方です。大切なのは、製品というものを捉えるときに、目に映る物理的な特徴だけで考えてはいけないということです（もちろん、物理的な特徴が大事ではないと言っているわけではありません）。

　メーカーは、目に見えない便益という価値を、実際にわれわれが手に取ることができる製品の形へと変換します。そうした製品の形を事前に構想することを一般的には「**設計する**」と言います。このような考え方にもとづけば、企業が行なっているものづくりというのは、製品設計に関する知識（**設計情報**）を生み出し、それを鉄やプラスチックなどの材料を使って形あるものへと変換して、顧客の要望（**ニーズ**）を満たす活動だと言い換えられます[7]。自動車であれば「早く快適に移動したい」という顧客のニーズを満たすための設計情報が鉄の板を通じて変換され、最終的にクルマの形となってわれわれの元に届けられているわけです。

　物理的な特徴から開放されると、世の中のあらゆる製品の見方が変わります。身近な例で言えば、スマートフォンに代表される携帯電話を「通信機器」と捉えるのではなく「暇つぶしの手段」と置き換えてみてください。そうすれば、スマホのライバルがＴＶになるかもしれませんし、最近の若者があまりＴＶを見なくなった理由の１つが浮かび上がります。自動車も、

「移動手段」ではなく、自分の社会的ステータスを示す一種の「ファッションアイテム」だと見なすこともできます。皆さんも、「日ごろ慣れ親しんでいる製品の本質的な価値は何か？」という問題について改めて問い直してみてください。製品の競争力に関して、新しい発見があるはずです。

▶ 4Pを裏から支えるのがQCD

　先述した4Pの各要素というのは消費者の購買行動に、言い換えれば市場に直接訴えかけるものであり、比較的われわれの目に見えやすい企業活動の競争力指標とも言えます。しかし、これらの要素が自動的に生み出されるわけではありません。普段は顧客の目に触れないところで、4Pを背後から支えているものづくり活動の競争力指標があります。それがQCDです。QCDは、メーカーに入れば呪文のように叩き込まれる用語です。

　QCDとは、**Quality**（品質）、**Cost**（コスト）、**Delivery**（納期）の略です。これら3つの指標をうまくコントロール（管理）して4Pを効果的なものにするのが、本書で扱う「生産管理」の仕事です。顧客の目に映らないところで日々黙々と行なわれる水面下の活動ですから、テレビCMなどのカラフルな宣伝広告と違い、決して派手さはありませんが、これらなくしてメーカーの仕事は成り立ちません。

　4PとQCDというのは、歯車の両輪のような掛け算の関係にあります。双方が互いの力を補完し高め合うことが重要で、どちらが欠けても真の競争力にはつながりません。QCDが4Pを支え、4PはQCDの力を最大限に引き出さなくてはならないのです。

　次章以降の各論に入る前に、ものづくりのQCDの中身について簡単に確認しておきましょう。

▶ Quality（品質）

　4PのなかのProductを支えるのが**Quality**（品質）です。これは文字どおり製品そのものの質を左右する指標です。品質の概念（定義）につい

ては第3章で詳しく述べますが、本書で言う高品質な製品というのは、**消費者が買いたいと思い、かつ買った後で満足度の高い製品**のことです。まだ見ぬ顧客（「潜在顧客」と呼びます）を惹きつけ、同時に買ってくれた顧客（「既存顧客」と呼びます）を満足させることができる製品とも言い換えることができます。

自社の製品を買ってくれた人の満足度が高ければ、その人はリピーターになる可能性が高く、そのことが口コミやインターネット上での評判を呼んで新たな顧客獲得へとつながります。**図表1-2**のようなよい循環構造をつくり出すことが、競争力の永続には必要です。

本書で扱う有形の製品の話からは少し離れますが、ディズニーランドやUSJ（ユニバーサル・スタジオ・ジャパン）に代表されるテーマパークの競争力について考えてみても同じことが言えます。テーマパークの運営で大切なのは、リピーター（再来園者）の獲得です。お客さんに「また来たい！」と思わせる満足と感動を常に提供し、そのことが新たな顧客獲得と高いリピート率の実現につながります。

■図表1-2　競争力の循環構造

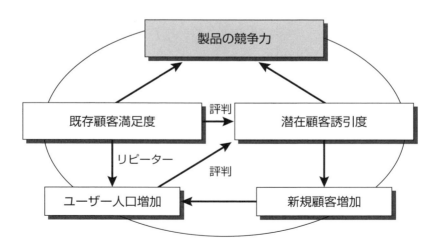

出所：藤本隆宏［2001a］『生産マネジメント入門Ⅰ』日本経済新聞社、図4.1を修正

このように、テーマパークのようなサービス業であっても、競争力の生み出し方は製造業と共通していることがわかると思います。製品を物理的な特徴だけで捉えずに、目に見えない便益の束と考えることが重要であると前で述べましたが、テーマパークであれば、非日常体験という便益を、従業員とアトラクションという材料を通じてお客さんに提供しているわけです。製造業もサービス業も、顧客を満足させて利益を上げるというビジネスの基本原則は一緒です。

　少し話がそれましたが、品質について考えるときに何よりも忘れてはならないのは、**消費者自身がどう思うのか**ということです。提供する側の企業がどれだけ品質が高いと思っていても、そのことが最終的に消費者に伝わっていなければ、それは良品とは言えないということです。製品のなかに最先端技術や様々な機能をふんだんに盛り込もうとも、その価値が消費者の満足度と自社の長期的な利益獲得につながっていないと、ビジネスの世界ではほとんど意味はありません。**その製品の質（価値）が高いかどうかを判断するのは、あくまでも消費者であり市場**です。本章の冒頭で紹介した２人の偉人の言葉は、このことを明示しています。

　よく誤解されますが、必ずしも、多機能な製品＝よい製品ではありません。「とてもよい製品だと思うのですが、なぜかまったく売れませんでした」といった声を企業の方からたまに聞くことがあります。しかし消費者に選ばれなかったわけですから、結果としてそれは高品質な製品ではなく、ただの独りよがりの製品だったということになります。つまり、顧客が求める以上の品質（**過剰品質**と呼びます）を提供することが必ずしも高品質とは言えないということです。

　もちろん、企業自身がコントロールできない外部要因（天災や国際情勢の変化など）によって不運にも売れなかったというケースはあります。しかし、「品質の高い製品（競争力のある製品）とは何か？」というのは、単純そうに見えて、じつはよく考えなくてはいけない問題です。そして何よりも大切なのは、それが自社の長期的な利益獲得につながっているかどうかということです。

▶ Cost（コスト）

　製品をつくるのに、どれくらいの費用がかかるのかを示す指標がCost（コスト）です。**原価**とも言われ４ＰのなかのPriceに影響を与えるものですが、基本的に消費者の購買行動とは直接関係ありません。われわれが何か製品を買うときに、その原価を気にして買う人はほとんどいないからです。

　しかし、企業が価格設定を行なうときにコストを考慮しないことは通常あり得ませんから、競争力を左右する指標であることに変わりはありません。同じ品質を保ちながら、どれだけコストを下げることができるのかというのは、どんな企業にとっても（仮に高級ブランド品企業であっても）決して終わることのない永遠の課題です。

▶ Delivery（納期）

　３つ目の指標が**Delivery**です。**納期**と訳されることが多いのですが、時間と言い換えたほうがよいかもしれません。納期管理とは、要するに**ものづくりの時間管理**のことです。４Ｐのなかで言えば、Placeにタイミングよく製品を供給する役割を担います。開発であれ生産であれ、物理的なものづくりには必ず一定の時間を要します。ＳＦ映画のなかの世界のように、一瞬にしてものができ上がるような時代はまだまだ到来しそうにありません。したがって、同じ品質とコストの場合、ライバル企業よりも短い時間で、ものづくりができれば、それは競争力につながります。

　企業はものづくりに必要な時間を可能な限り短縮しながら、顧客がその製品を買いたいと思うタイミングで市場へと供給できる仕組みを構築しなければなりません。

　以上をまとめると、競争力のあるものづくりというのは、**品質のよい製品を低コストかつ短い時間でつくり、販売部門を通じて的確に市場へと送り出すこと**だと言えます。このＱＣＤの３つの柱を軸に、ものづくり企業の競争力について、これから解説していきます。

1-4 日本のものづくりの強みと弱み
製品アーキテクチャという切り口を軸に

▶ 自動車とエレクトロニクス製品

　メーカーや製品と言っても、その対象は幅広く多様です。そこで、読者の皆さんが本書の内容を首尾一貫したものとして理解できるように、話のベースとなっている製品の種類と特徴について述べておきたいと思います。

　世の中に数ある製品のなかでも、日本企業が国際的な競争力を持っている（あるいは今まで持っていた）加工組立型製品を本書では主たる対象にしています。なかでも念頭に置いているのは、**自動車**と、家電やＡＶ（Audio Visual）機器に代表される**エレクトロニクス製品**です。

　これら一般消費者向けの製品（「Ｂ to Ｃ：Business to Consumer 製品」と呼ばれます）が、戦後日本の製造業の国際的躍進を担ってきたという事実に異論を唱える人はいないでしょう。両者のケースから帰納的に導き出される知見は、他産業や製品に対しても有益です。

　自動車という製品は、数え方にもよりますが細かいものまで含めると２万から３万という膨大な点数の部品で構成されています。それらの部品を寸分の狂いもない精度で設計し、工場でしっかりと組み上げなくてはなりません。

　同時に、何と言っても自動車は命を預かる製品ですから、求められる品質水準のレベルも必然的に高くなります。走る、止まる、曲がるといった基本性能はもとより、安全、騒音、燃費、環境性能などクリアしなくてはならない基準が膨大にあります。自動車というのは、つくるのにじつに手間暇がかかる製品です。したがって、そのような複雑な製品のものづくりから学べることは多いはずです。

■ 図表1-3　日本の自動車産業とエレクトロニクス産業の貿易収支の推移

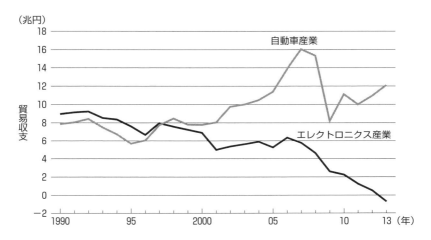

注：エレクトロニクス産業は「民生用電子機器」「産業用電子機器」「電子部品・デバイス」の合計
出所：西村吉雄［2014］『電子立国は、なぜ凋落したか』日経BP社、図1-1を修正

　一方、エレクトロニクス製品を取り上げる理由は、その国際競争力のありようと産業構造が近年大きく変貌してきている点にあります。日本の自動車メーカーの国際競争力が現在でも保たれているのに対して、テレビに代表される日本のエレクトロニクス製品の競争力が1990年代以降、急速に落ちてきました（**図表1-3**）。なぜ、そうした違いが生じたのでしょうか。その要因と背後にある論理を知ることで、ものづくりの競争力に関する理解が一層深まると筆者は考えています。そのことについて、以下で詳しく見ていきましょう。

製品アーキテクチャと製品の競争力

　自動車とエレクトロニクス製品の国際競争力という問題について考えるとき、**製品アーキテクチャ**と呼ばれる切り口（ものの見方）が1つのヒントを与えてくれます[8]。

　アーキテクチャ（architecture）というのは、あまり聞き慣れない（文

系の人には特に）言葉かもしれません。英和辞典を引くと「建築」とか「建築様式」といった訳が最初のほうに出てきますが、「構造」や「構成」といった意味もあります。製品アーキテクチャと言うときの意味は後者に近く、日本語では**「設計思想」**などと訳されることもあります。製品設計に関する考え方と言ってもよいでしょう。その意味はこれから説明しますが、「人工物である製品の構造と、その製品に要求される様々な機能との対応関係」というのが学術的な定義です。

　このアーキテクチャというメガネを通じて世の中の製品を見ると、大きく2つに分類することができます。完成品を構成している複数の部品の設計を相互調整して、製品ごとに最適設計しないと顧客が満足する性能が発揮できない**擦り合わせ型**（integral architecture）と、部品同士の接合部が標準化していて部品を組み合わせれば多様な製品ができ上がる**組み合わせ型**（modular architecture）です。

● 擦り合わせ型のアーキテクチャ

　擦り合わせ型のアーキテクチャを持つ典型的な製品が、自動車やオートバイです。消費者が自動車に求める機能の1つに「乗り心地」というのがあります。乗り心地のよいクルマをつくるためには、ボディ、シート、タイヤ、エンジン、トランスミッション、サスペンションなど、自動車を構成している数多くの部品を緻密な計算のもとに連携させ最適配置しなければなりません。

　部品1つのわずか数ミリ（場合によっては数ミクロン）の配置や形状のズレが、クルマ全体の乗り心地と走行性能を左右することもあります。まさに、部品同士の動きの擦り合わせが必要なのです。さらには、乗り心地がよいと言っても、その感じ方は人それぞれ千差万別です。振動の少ない柔らかい乗り心地を好む人もいれば、道路の凹凸を感じられるようなゴツゴツとした硬めの設定がよいという人もいるでしょう。クルマという製品は、求められる機能そのものの良し悪しの基準も非常にあいまいです。

　その他にも、燃費の良さや静かさなど消費者がクルマに求める機能はたくさんありますが、そのほとんどを実現するためには部品同士の細かい相

■図表1-4　擦り合わせ型のアーキテクチャ（オートバイ）

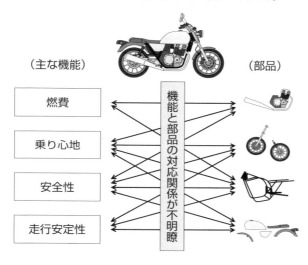

互調整が必要となります。このように、構成部品の相互依存関係が強く、製品に求められる様々な機能を部品同士が相互に支え合って実現しているのが擦り合わせ型のアーキテクチャを持つ製品です（**図表1-4**）。

● 組み合わせ型のアーキテクチャ

　こういった製品に対して、近年のエレクトロニクス製品のアーキテクチャは、組み合わせ型が多くなっています。その最たる例が、デスクトップ型のパソコンです。消費者がデスクトップパソコンに求める機能（役割）を考えてみると、入力・計算・表示・印刷の4つに大別できます。データの入力作業がやりやすく、素早い計算をしてくれて、その計算結果が表示され、必要に応じて印刷する。これ以外の機能を求める人はあまりいないと思います。「部屋に設置するものだから見た目もカラフルで美しくなければ絶対に嫌だ」という人もいるかもしれませんが、「美しさ」という要件に関しては、多くの人にとって購入時の大事な基準にはならないでしょう。

　次に、このデスクトップパソコンのなかで、先ほどの4つの機能をつか

■ 図表1-5　組み合わせ型のアーキテクチャ（デスクトップパソコン）

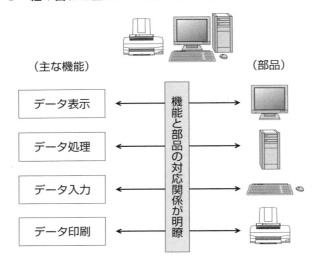

　さどっている構成部品について考えてみてください。計算するのはパソコン本体、入力機能はキーボードとマウス、表示はモニター、印刷機能はプリンターと、それぞれが個別に役割を担っており、パソコンに要求される機能と部品との対応関係が明瞭なことがわかります。要するに、それぞれの構成部品の役割分担が比較的はっきりしています。

　そして、部品同士はＵＳＢ規格等に準じたケーブルなどでつながっています。ですから、必要な部品を寄せ集めて組み合わせれば、完成品としての最低限の機能を発揮させることができます。ちょっとパソコンに詳しい人ならば、秋葉原などで部品を買ってきて自宅でデスクトップパソコンをつくることさえできます。最近のスマートフォンや液晶テレビも、組み合わせ型のアーキテクチャに近い設計になっています。このように、製品に必要な機能と構成部品との関係が比較的明瞭で、個々の部品の独立性が強く、部品間のつなぎ方のルールが決まっていることが多いのが組み合わせ型のアーキテクチャです（**図表1-5**）。

▶アーキテクチャの違いと日本のものづくりの特徴

　この「擦り合わせ型」「組み合わせ型」の分類を通じて世の中の製品群を観察してみると、どうやら今でも日本企業が国際競争力を発揮している領域は、擦り合わせ型に近いアーキテクチャを持っているものに比較的多いということが最近の研究でわかってきました。実際に開発し生産するのに手間暇と時間がかかり、かつ全体としてのまとまりの良さで勝負する製品、端的に言えば**QCDの高い総合力が備わっていないと競争力が発揮できない製品に日本企業は強い**ということです。日本企業がつくる自動車やオートバイの国際競争力が現在でも高いのは周知のとおりです。

　逆に、標準的な部品を集めて完成品に仕立て上げるような組み合わせ型のアーキテクチャを持つ製品に関しては、近年競争力が落ちてきています。90年代半ば以降の急速なICT（情報通信技術）の進展およびデジタル革命と関連していますが、テレビやパソコン、携帯音楽プレーヤーなど、かつては世界で日本企業が強い競争力を発揮していた多くのエレクトロニクス製品のアーキテクチャが近年、**擦り合わせ型から組み合わせ型に変化**してきました。ICT化によって、エレクトロニクス製品を機能させるのに必要な複雑な電気信号の処理方法が、アナログから0と1のデジタル信号へと置き換えられ、IC（Integrated Circuit：集積回路）などの部品（モジュールと呼ばれる塊）のなかにカプセル化されるようになりました。こういった現象を**製品のモジュラー化**と言います。例えば、多くのスマートフォンにはカメラ機能が搭載されていますが、その機能が集約されているのは、カメラモジュールと言われる部品です。

　こうして、実際に完成品を苦労して開発・生産するという、かつては擦り合わせ的な要素が必要だった技術的作業に関しては、どの国の企業でも部品さえ調達できれば比較的簡単にできるようになったわけです。極端な話、製品に搭載したい機能が欲しければ、それを発揮させるのに必要な部品を外から買ってくればよくなりました。

▶ 日本のエレクトロニクス製品の競争力低下

　こうした状況が生まれたことで、製品間での性能差（テレビで言えば、画質の違いなど）が一気に縮まり、市場への参入企業も世界的に増加しました。その結果、競争が激化して製品の価格下落が引き起こされたのです。部品の価格もどんどん下がっていきました。このように、技術と性能面での差別化要素が少なくなり、製品の競争軸が価格中心へと移行する現象のことを**コモディティ化**（commoditization）と呼びます。逆に言えば、90年代までは擦り合わせ的な技術獲得の難しさという壁（こういった壁のことを、**参入障壁**と言います）が、新たな企業の台頭を拒み、そのことが日本のエレクトロニクス製品の国際競争力を保っていたのです。

　もう1つ、エレクトロニクス製品の世界で日本企業の存在感が低下した理由として、次のようなことが考えられます[9]。

　アーキテクチャの**モジュラー化**（組み合わせ型化）により、どういった価値や機能を顧客に提供すればいいのかを構想する最初の**製品企画力**が、以前よりも競争力を大きく左右するようになりました。

　同時に組み合わせ型の製品では、そうやってできた完成品の魅力をいかにアピールして売るのかといったマーケティング力（広くはブランド力なども含まれるでしょう）も大事になります。もちろん、擦り合わせ型のアーキテクチャの製品であっても市場に対するアピール力が大切なのは言うまでもありませんが、どうもこのあたりの力が日本企業は欧米企業と比べると苦手なようです（第4章のコラム参照）。前にも述べたように、いかに素晴らしい技術だと企業（つくる側）が思っている製品でも、その価値が消費者にうまく伝わっていなければ、結局は絵に描いた餅になってしまいます。

▶ 日本企業に求められる問題発見力の深化

　製品企画の巧拙を左右するのが、**製品コンセプト**です。製品コンセプトとは、**消費者に提供する製品の本質的な価値を表したもの**です。新しい製

品コンセプトの創造、言い換えると今までにない顧客価値を生み出すということは、市場において何が問題なのかを発見するという行為に他なりません。経営学者のピーター・ドラッカー（1909-2005年）は、それを**顧客創造**と呼びました。

　身の回りのあらゆる製品というのは、われわれの生活に潜んでいる大小様々な**問題や不便を解決する**ために存在しています。戦後の高度経済成長期以来、日本企業は「画質をよくする」「小さくする」「軽くする」といったすでにある明確な問題を擦り合わせ型の技術で解決し、製品のスペックや機能という目に見える価値、言い換えると定量的に比較しやすい価値を高めることで欧米企業に追いついていきました。誤解を恐れずに言えば、欧米企業が発見した問題を高い技術力で解決し国際競争に打ち勝ってきたのです。それに対して日本企業は、市場に潜んでいるまだ誰も気がついていない**問題そのものの発見力**が弱いように思います。

　もちろん、すべての日本企業がそうではないので、「日本企業」と一括りにして論じるのは適切ではありません。古い例ですが、アップルの携帯音楽プレーヤーのiPodの祖先とも言えるWalkman（ウォークマン：1979年発売）を生み出したのは日本のソニーです。Walkmanは、音楽を聴くという行為が「聴く場所」に制約されているという問題を世界で最初に発見し、「音楽を外に持ち出す」という新しい製品コンセプトで成功した製品です。

　京都にある世界的なゲーム会社の任天堂も、そのようなコンセプト創造力に優れた会社です。かつて任天堂においてゲーム開発を率いた横井軍平（1941-1997年）のものづくり哲学が「枯れた技術の水平思考」だったと言われていま

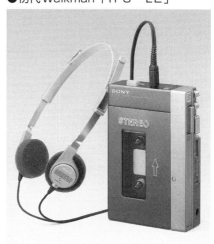

●初代Walkman「TPS－L2」

写真提供：ソニー株式会社

す[10]。これは、斬新な製品コンセプトのもと、既存技術のこれまでにない使い方によって新しい製品（市場）をつくり出すという考え方です。任天堂のものづくりの特徴を見事に言い表していると言えます。

　いずれにせよ、今後日本のものづくりが更なる飛躍を遂げていくためには、高い技術力を武器にした問題解決力はこれまでと同じように磨き、それとともに**問題発見力の深化**が鍵を握っているのではないでしょうか。特に今日、国内市場の拡大がそれほど望めないなかにあって、日本企業がしっかりと利益を生み出すには、これまで以上に**差別化**された製品コンセプト力が重要になってくると思います。これに成功すると、価格のコントロールも行ないやすくなります。この問題に関しては、第6章と第7章で考えます。

アーキテクチャ論に関する注意点

● **アーキテクチャは絶対的なものではない**

　アーキテクチャの話で注意しなければならないのは、「擦り合わせ」と「組み合わせ」という製品分類は絶対的なものではなく**相対的な区分**であるという点です。

　デスクトップパソコンの設計は、組み合わせ型アーキテクチャの典型だと述べましたが、同じパソコンでも、これがノート型のモバイルパソコンになると、擦り合わせ型のアーキテクチャに近づいていきます。ノートパソコンは、モニターと本体、キーボード、タッチパッドが一体設計になっており、容易に分解したり消費者自身がキーボードだけを交換したりするといったことは通常できません。

　またパソコンは、内部で発生する熱をいかに抑えるのかというのが設計上の課題になりますが、デスクトップパソコンの場合、大きな冷却ファンを本体のなかで回してそれを解決しています。しかし、筐体（きょうたい）の小ささや軽さが求められるノートパソコンではそのような大きなファンを取り付けることはできないので、部品同士の緻密な配置と組み合わせを考えながら、つまり擦り合わせ的な熱処理設計がされています。

スマートフォンでも同じことが言えます。現在、世の中にあるスマートフォンは、アップルのiPhoneとグーグルが提供しているＯＳ（Operating System：基本ソフト）のAndroidを搭載したアンドロイド系スマートフォンの２陣営に大きく分かれています。iPhoneはハード（端末）とＯＳが一体となって連動開発されていますので、分業開発されているアンドロイド系のスマートフォンよりは擦り合わせ度が相対的に強い製品だと言えます。じつは、iPhoneに限らずアップル製品の多くは、ライバルの製品と比べると統合力を重視した擦り合わせ的なつくられ方をしています。

　同社が出しているMacBookと呼ばれるノート型パソコンは他社の製品（Windows系の多くのパソコン）と違って、消費者自身が電池部分を取り外して交換することができません（これはiPhoneも同じです）。これは１つには、本体と電池パックの境目をなくして一体感を持ったフォルムの美しさを保つためとも言われています。このような細かいこだわりがアップル製品の競争力を生んでいるのは周知のとおりです。

　消費者にとっては、自分で電池交換ができないため、面倒と言えば面倒ですが、アップルはそれよりも「美しい」という価値をつくり出すことに注力しているわけです。それに同社の顧客（ファン）は喜んでお金を払っています。こうした潔いほどの割り切りのよい設計思想が、アップル製品の持つ強さの１つだと言えるでしょう。

● **アーキテクチャは製品の階層によって異なる**

　アーキテクチャに関する議論でもう１つ注意すべきなのが、製品構造のどの階層に視点を向けるかによって、同じ製品であっても、擦り合わせと組み合わせの度合いが変わってくるということです。

　デスクトップパソコンで言えば、本体やモニターといった最上位の階層を見れば組み合わせ型ですが、本体に内蔵されるＣＰＵ（中央演算処理装置）といった部品レベルになると、それは擦り合わせ型の設計になっています。

　スマートフォンのなかにも、ＣＭＯＳ（シーモス）センサー（外から取り込んだ光をデジタル画像データへと変換する半導体部品）と呼ばれるカメラ部品があ

■ 図表 1-6　日本のエレクトロニス産業において電子部品が占める割合

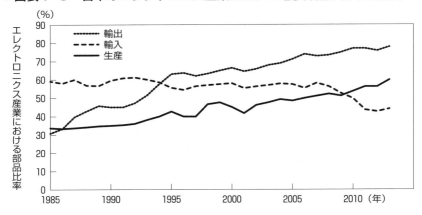

出所：西村吉雄［2014］『電子立国は、なぜ凋落したか』日経BP社、図1-2を修正

りますが、これも中身は擦り合わせ型のアーキテクチャを持っており、日本企業が高い世界シェアを誇っています。ＣＭＯＳセンサー以外にも、最終消費財ではなく完成品をつくるための部品や素材（「B to B：Business to Business 製品」と呼ばれます）に目を向けると、今でも日本企業は比較的多くの分野で高い市場シェアを維持しています。iPhoneのなかの部品もその多くが日本メーカー製（ただし、Made in Japanとは限りません）だと言われています。**図表1-6**は、日本のエレクトロニクス産業の生産・輸出・輸入高において、電子部品が占める比率を示したものです。近年は、生産と輸出の大半を部品が握っていることがわかります。

　素材で言えば、アメリカのボーイング社の旅客機787の機体に使われている炭素繊維（金属と比べて軽くて強いのが特徴）も日本企業が強い競争力を持っています。こういった領域のものづくりは長距離マラソンに似ており、明確な目標に向かって長期的にコツコツと問題解決に取り組む必要がありますから、日本企業はやはり強いと言えますし、今後も競争力を維持していくと思います。

　このように、アーキテクチャに関する議論をするときには、**どの階層の**

話をしているのかということと、「擦り合わせ」と「組み合わせ」という括りはあくまでも**相対的な濃淡の違い**であるという点に注意が必要です。

以上、製品アーキテクチャという概念について説明してきましたが、この考え方を踏まえたうえで本書を読み進めていただくと理解がより一層深まります。

▶ 本書の見取り図

本書の全体像は、**図表1-7**のようになっています。次の第2章で、今日のものづくりの根幹をなしている**大量生産システム**とは何か、それがどのように誕生して今日まで100年以上存続してきたのかという話をします。なお、**システム**とは『広辞苑』をひくと「複数の要素が有機的に関係しあい、全体としてまとまった機能を発揮している要素の集合体、組織、系統、仕組み」とあります。そこで本書では、開発・生産システムを「**様々な要素と組織が集まってできた、ものづくりのための一貫した仕組み**」と定義します。

大量生産システムと聞くと、「大量生産というのは、もはや過去の遺物では？　そうした時代は、すでに終わりつつあるのではないか？」という

■図表1-7　**本書の見取り図**

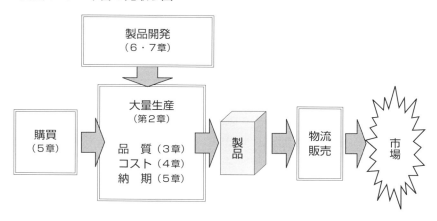

■ 図表1-8　三位一体のものづくり

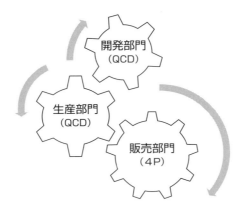

意見が出るかもしれません。実際にマスコミ誌上などでは、そのような言説も数多く見受けられます。しかし本書を読んでいただければ、それはものづくりの現実の表層のみを捉えた、やや偏った見方であるということがわかるはずです。今日のものづくりと競争力との関係をひも解くには、**大量生産に対する正確な理解と洞察が欠かせない**というのが本書の一貫したスタンスです。

　それを踏まえて第3章からは、ものづくりの競争力とQCDとの関係について解説していきます。

　消費者のいる市場に直接訴えかけるのが主にマーケティングの4Pにまつわる活動で、企業のなかでは、主に販売、営業、流通部門といった組織の仕事になります。学術的な定義や分類は抜きにして、ここでは一括して販売部門の仕事とします。その販売部門を背後から支えるのが、本書の守備範囲である**開発部門**と**生産部門**の役目です。

　開発部門で製品の設計情報が生み出されます。その設計情報を、調達した材料や部品を使って完成品に変換するのが工場などの生産部門です。もちろんそれぞれの部門が単独で開発・生産を行なうわけではなく、販売部門とも連携して市場動向を探りながらの協働作業となります。特に、製品アーキテクチャ的に擦り合わせ型の強いものづくりを実現するためには、

開発・生産・販売が三位一体となっていなくてはなりません（図表1-8）。
　ものづくりの流れでいうと話の順番が逆になりますが、第3章から第5章で生産部門、第6章と第7章で開発部門の仕事について学びます。こうして、本書を読めばものづくりの全体像がつかめるように構成されています。

> **Column　製品アーキテクチャとスポーツ**
>
> 　擦り合わせ型と組み合わせ型の製品アーキテクチャの違いというのは、スポーツのサッカーと野球にたとえると理解しやすくなります。ここでは、チームが製品に相当し、選手が部品だと思ってください。
>
> 　サッカーチームの選手のポジションを大きく分けると、攻撃をするフォワード（ＦＷ）、守備役のディフェンス（ＤＦ）、両者をつなぐミッドフィルダー（ＭＦ）の3つですが、試合中、選手は自分のポジションにとらわれることなく、お互いの動きを常に見ながらボールを回し、協力して攻撃と守備を行ないます。ＦＷの選手も守備に参加しますし、ＤＦが前線へ駆け上がって点を取ることもあります。このようにサッカーでは、選手同士の擦り合わせ的な連動性がチームの強さを左右します。いくらシュート力に優れたＦＷがいても、ＦＷにボールがうまくわたらなければ得点は生まれません。このようにサッカーは、擦り合わせ型のスポーツだと言えます。
>
> 　それとは対照的に、選手個人の能力がチームの強さを決定づけるのが野球です。打順、ピッチャーやレフトといった個々の選手に与えられるポジションと役割が明確で、試合中は基本的に固定されています。そして、強打者を外から連れてくれば、チームの攻撃力は一気に上がります。同じように、優秀なピッチャーをトレードなどで獲得できれば、高い確率で守備力を高められます。つまり、ポジションごとによい選手を寄せ集めて組み合わせれば強いチームをつくることができるのが野球というスポーツの特徴です。そういう意味で野球は、分業を前提にした組み合わせ型のスポーツと言えます。

もちろん野球にも「つなぐ野球」という言葉があるように、攻撃の連続性を意識したバッティング（擦り合わせ型に近い攻撃）をすることもありますが、サッカーと比較すれば、選手間の動きの相互依存性は弱いと言えます。アーキテクチャの違いは、あくまでも相対的なものであると説明したように、その点でもサッカーと野球の違いはよく似ています。

第1章のポイント

- ✓ この本の目的は、企業のなかで行なわれているものづくり活動が競争力へとつながっていく流れをイメージできるようになることである。
- ✓ 企業の競争力とは、自社の製品が消費者に選ばれ、そのことが長期的に利益を生み出す力である。
- ✓ マーケティングの4Pを裏から支えるのが、開発・生産のQCDに関わる活動。
- ✓ 製品アーキテクチャ（設計思想）は、製品ごとに部品が最適設計される擦り合わせ型と、標準的な部品を寄せ集めてつくられる組み合わせ型に大きく分けられる。
- ✓ QCDの総合力が競争力に直結しやすいのが、擦り合わせ型アーキテクチャを持つ製品で、そうしたものづくりに日本企業は総じて強い。
- ✓ エレクトロニクス製品の設計が近年、モジュラー化（組み合わせ型へ変化）し、機能と技術力での差別化が難しくなったことが、日本企業の国際競争力低下の要因の1つである。

第 2 章

大量生産システムの誕生と進化

　本章では、大量生産システム（mass production system）の生成と発展について歴史的な観点から解説します。それがいつ生まれ、どのように発展してきたのでしょうか。今では当たり前のように存在しているこの仕組みの意義と役割について、正しい理解を深めていきます。

2-1 大量生産システムは存続する
ものづくりの基本原理は変わらない

▶ **大量生産システムは過去の遺産なのか？**

　大量生産システムの存在を抜きにして、今日のものづくりを語ることはできません。その一方で世間では、「もはや大量生産の時代ではない」といった大量生産終焉論とでも言えるような論説も散見されます。特に、インターネット時代の今、ソフトウェアなどの質量の伴わないデジタルＩＣＴ（Information and Communication Technology）製品の持つ影響力が増大しており、それらの多くは一瞬にして複製かつ伝達可能で、つまり生産と販売に必要なコストが圧倒的に少なく済みます。

　そうした時代背景とも相まって、「大量生産システム＝過去の遺産」であるという意見が現実味を帯びてきたように見えるのかもしれません。はたして、どちらの見方が正しいのでしょうか。

　はるか遠い未来のことはわかりませんが、筆者は今のところ大量生産システムの終わりが急速に近づきつつあるとは思っていません。その存在が当たり前すぎて、世間では重要性が看過されがちですが、ものづくり企業の競争力を支え、今後も欠かすことのできない仕組みとして着実に生き残っていくはずです。もちろん、世の中に欠点のない完璧なシステムというものはありません。これから解説するように、大量生産システムもそれ特有の課題を内包していますが、時代と共にそれを克服すべく着実な進化を遂げてきました。

　したがって大量生産の仕組みというのは、決して恐竜のように滅び行くものではないのです。そのことを読者の皆さんに納得してもらうのが、本章の目的と言ってもよいでしょう。

▶大量生産システムを産んだ時代背景

　大量生産システムが、どのような時代背景のもとで産まれたのかという話から始めたいと思います[1]。時代は、19世紀後半から20世紀初頭に遡ります。中心となる舞台はアメリカです。

　19世紀後半にイギリスで起きた産業革命の流れが、南北戦争（1961-1865年）後のアメリカにも到来します。このころ、鉄道や電話が発達し、全米が1つの大きな市場としてつながり、急成長を遂げていきます。鉄道の普及とともに線路を敷くための鉄鋼業も栄えました。鉄鋼王として有名なアンドリュー・カーネギー（1835-1919年）が活躍したのもこの時代です。そして、繁栄するアメリカ市場と職を求めヨーロッパ南部から移民が数多く流入し、ますます需要が拡大していきました。

　そうした好景気に呼応するように、時代の要請として生まれたのが**大量生産**だったのです。ただし19世紀後半の時点ではまだ「数多くつくる」ということのみを志向した文字どおりの大量生産であり、そこに**効率性**の概念はほとんどありませんでした。つまり、大量生産とビジネスがまだ結びついていなかったのです。**システム**と呼べるような体系だった大量生産の仕組みができ上がり根づくのは、20世紀に入ってからのことです。

　急激な経済成長のもと、アメリカの製造業は製品を大量につくる必要に迫られたわけですが、ここで1つの問題が浮上しました。それは、生産量の増加に対して必要な労働力の相対的かつ慢性的な不足という現実でした。産業革命が進展していくなか、貧しい農民だった人の多くが工場労働者へと変わっていきました。外国からの移民も、もともとは農民だったと言われています。そのほとんどが未熟練労働者であり、つまり当時の生産現場はまったくの素人の集まりも同然だったというわけです。

　このような生産量の増大と労働力の不足というギャップを解消するうえで決定的な役割を担った人物が、次に登場する**フレデリック・W・テイラー**（1856-1915年）と**ヘンリー・フォード**（1863-1947年）です。大量生産システムの成立史を語るうえで決して抜かすことのできない2人です。

2-2 テイラーの科学的管理法
成り行き経営から科学的経営へ

▶ テイラーの生きた時代と組織的怠業の横行

　1856年、フィラデルフィアの裕福な弁護士家庭に生まれたテイラーは、父親と同じ弁護士をめざしてハーバード大学に入学します。しかし、目の病気により志半ばで大学を辞めることになります。その後、故郷にあった工場の見習工として自身の職業人生をスタートさせ、1878年にフィラデルフィア近くのミッドベール・スチール社に転職します。そこで様々な職種（事務員、監視員、調査員など）を経験し、最終的には主任技師となります。1890年にミッドベールを退職しますが、いくつかの会社をわたり歩いた後の1898年、ベスレヘム・スチール社に移ります。

　これらの会社での仕事を通じて、経験的・実践的に生み出したのが**科学的管理法**（scientific management）と呼ばれる革新的なものづくり手法です。その何が革新的だったのでしょうか。テイラーが働き始めた当時、アメリカの生産現場では次のような惨状が蔓延していました。

　そのころ、作業労働者への賃金の支払いは**単純出来高払い**が一般的で、生産量や作業時間に応じて給与が上下する方式でした。当然、労働者たちは働けば働くほど給与が増えると思っていました。しかし、支払う金額が増えすぎると困る経営者は、その額を減らすため一方的に賃率を下げてしまうのです。

　労働者側とすれば、頑張るだけ損をす

●フレデリック・W・テイラー

るわけですから、たまったものではありません。そこで、わざと作業のペースを落としたり、集団で同調して一斉にサボるといった行為が頻発しました。そうやって怠けることを、人間が生まれつきの本能として持っている楽をしたがる**自然的怠業**とは区別して、**組織的怠業**と呼びました。

　なぜ、このような事態が起きてしまったのでしょうか。最大の原因は、賃率を算定するための客観的基準がなかったことにありました。今では考えられないことですが、当時の生産現場では、作業のやり方や使用する道具も労働者それぞれによって異なり、いわば個々の経験と勘に頼った成り行き任せのバラバラなものづくりが普通だったのです。

　また、現場の作業スピードと賃率を決定していたのは、経営者から権限を与えられた現場管理者（親方的な熟練工）でした。こういった制度を**内部請負制**と呼びます。

　作業とその成果に関する明確な測定基準がなかったため、仕事の割り振りや作業スピードは、目分量で主観的に決めていたにすぎません。言い換えれば、どれくらいの作業スピードを設定すれば決まった生産量が達成できるのかを、現場管理者さえ正確に把握できていなかったのです。したがって、実質的に作業スピードをコントロールしていたのは労働者と言ってもよく、その結果、組織的怠業が横行することになったわけです。それに対して経営者と現場管理者は、叱責や解雇という形でしか対処できませんでしたので、労使関係も最悪だったことは容易に想像がつきます。言うまでもなく、効率的なものづくりからは程遠い状態でした。

▶組織的怠業からの脱却と生産効率の上昇

　以上のような状況を打開するべく、テイラーは様々な改革に打って出ます。まず行なったのは、**標準作業**の設定です。例えば、ショベルで鉄クズを運ぶという作業があったとすると、その作業を行なう優秀な労働者の動作を観察し（**動作研究**と言います）、そこから誰が行なっても（それが未熟練工であっても）ムダのない最も効率的な動作と手順を抽出し、それを標準作業として規定するわけです。それを作業者全員が守るよう訓練し徹

底します。同時に、1つひとつの作業に要する時間をストップウォッチを使って計測し、合理的な標準作業時間を決めていきました（**時間研究**と言います）。作業者が使う道具に関しても、作業ごとにそれぞれ適したものに変え、それを全員が使うようにしました。

　こうして「**作業手順**」「**時間**」「**道具**」の3つが標準化されたことにより、作業と成果との関係が誰の目にも明らかになりますから、客観的な基準にもとづいた賃率の算定が可能となったわけです。

　さらにテイラーは、それまでの単純出来高払いに代えて**差別的出来高払い制度**を導入します。これは、最初に設定した作業量（ノルマ）を標準時間内に達成できた作業者と、それ以上に成果を上げた作業者との間で賃率に差を設ける支払い方法です。これによって作業者のやる気を引き出し、生産効率を上げようとしました。

　その結果、ベスレヘム・スチール社では、作業者1人あたりの生産量が4倍近くまで増加し、反対に全体の生産コストは半減するという大きな成果をもたらします。また、作業者が受け取る賃金も増えたため、労使関係も改善されました。

▶ テイラーの功績

　テイラーが行なった改革の功績ですが、それは何と言っても、成り行き任せだったものづくりの現場管理に科学のメスを入れようとしたことに尽きます。まさに**科学的管理法**と言われるが所以です。急拡大する需要に応える必要のあった19世紀後半のアメリカ製造業でしたが、現場では数多くの未熟練工を抱えていたうえに、経験と勘・習慣をよりどころにした非効率なものづくりしかできていませんでした。そこに、テイラーは**標準化**という概念を植えつけ、科学的・実証的な生産管理の礎を築いていったのです。生産現場の改革から始まったテイラーの手法でしたが、広くは企業経営を科学的に捉えるという世界を切り開いたとも言えます。実際に、科学的管理法は、インダストリアル・エンジニアリング（IE）や経営工学と呼ばれる学問分野へと発展していきます[12]。そういう意味で、テイラーは「**経**

営学の祖」と称されることもあります。

　彼は、所属したベスレヘム・スチール社以外の会社に対しても、自身の経験をもとに生産改善に関するコンサルティング活動を行ない成功を収めます（もちろん、うまくいかなかった例もありました）。晩年は、自身の考えをまとめた『科学的管理法の原理』などの著書を出版し科学的経営の普及に努め、1915年にこの世を去ります。享年60でした。

▶科学的管理法への批判

　ただし、テイラーの業績に対しては批判も数多く巻き起こりました。ここでは、特に重要だと思われる点にのみ簡単に触れておきましょう。

　批判の急先鋒の多くが「人間性が欠如している」というものです。人間は、金銭的欲求によって動くという、単純な動機づけ理論を科学的管理法は前提としており、そこには、倫理的・感情的な要素が欠落していると言われました[13]。さらに、労働者というのは思考を要しない単純作業を好むという機械的人間観が横たわっているという批判も受けます。そして、生産効率のみを追求していくと作業はどんどん単純化し、つまらなく無味乾燥なものへと痩せ細っていき、究極的には喜劇王チャールズ・チャップリン（1889-1977年）が映画『モダン・タイムス』（1936年）のなかで描いたような世界（人間が機械の歯車の一部のようにこき使われて、やがて精神的に病んでしまう）が出現するというものです。

●モダン・タイムスのポスター

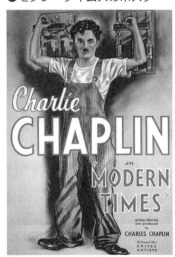

　しかし、こうした多くの批判は、科学的管理法に対する偏った見方であり誤解であるという意見も同時にあります。事実、テイラーは、著書『科学的管理法の原理』のなかで、自身の考えを次のよう

に述べています。

> - 科学をめざし、目分量をやめる
> - 協調を主とし、不和をやめる
> - 協力を主とし、個人主義をやめる
> - 最大の生産を目的とし、生産の制限をやめる
> - 各人を最大に発展せしめて最大の能率と繁栄を来たす[14]

　これを読むと、テイラーが決して人間性を軽視していたようには思えません。いくつかの批判の原因は、テイラーの主張に対する一面的な理解にあったのかもしれません。テイラー自身も議会証言などを通じて科学的管理法の正当性を世間に主張しました。じつは、日本のものづくりの専売特許のように思われている**改善**（次章以降で解説します）の大切さについても、テイラーは次のように言及しています[15]。

　「すでに今までに一定の進歩をとげたことはとげたが、なお一層改善の可能性（または蓋然性さえ）があることをわかっている場合には、どうすればよいか。むろん、それはいちいちの場合について、別々に考えなければならないことではあるが、一般的な理論としてもしある断案ができたら、なるべく速くそれを実行に移して厳重にテストしていく方が得策なことが多い」[16]

　本書ではこれ以上、テイラーの功績に対する評価論争には深入りしませんが、彼がものづくりの世界を大きく変えた人物だということに間違いはありません。ましてや、科学的管理法が今日の大量生産システムへと流れる源流の1つであるという事実を否定する論者はいないでしょう。

2-3 フォード・システム
今日まで続く大量生産システムの誕生

▶ 自動車の誕生

　テイラーと共に、大量生産システムの成立史において欠かせない人物が、自動車企業家として名を馳せた**ヘンリー・フォード**です。彼もまた、テイラーと同じ時代を駆け抜けた偉人でした。フォードの話に入る前に、まずは自動車産業の歴史から見ていきましょう[17]。

　ガソリンを燃やして走る内燃エンジンの自動車が発明されたのは、1886年ごろのドイツです。同時期に発明者が何人かいたと言われますが、最初にその特許を取得したのはカール・ベンツ（1844-1929年）です。ご存知、高級自動車メーカーのベンツ（ダイムラー社）の創業者です。

　2017年の今、将来の自動車技術の方向性として電気自動車や燃料電池車、ハイブリッド車などのどれが主流になるのかという議論が盛んですが、1900年前後の時代にも、同じような状況が存在していました。そのころの自動車には、ガソリン、蒸気、電気の3つの動力源が混在していて、本命の技術がどれになるかは、まだはっきりしていませんでした。

●ヘンリー・フォード

　さらに、19世紀末の時点では、馬車や自転車に代わるものとして自動車が庶民の道具となっていたわけではなく、一部の金持ちのみが持つ趣味的要素の強い製品でした。したがって、当時はまだ自動車産業と言えるような本格的な市場が立ち上がっていたわけではありません。1895年に年間生産量

トップだったベンツでも、その数わずか135台でした。

とはいえ、すでに様々な自動車レースが行なわれており、ヘンリー・フォード自身もそれに参加していたうちの1人です。ちなみに彼は、自動車レースで勝った名声を契機に出資者を募り、後述するようにフォード社を起業しました。

こうして、19世紀後半に自動車という製品は誕生しましたが、それが普及し産業として成り立つまでに市場が成長するのはまだ先のことです。

▶ フォード・モーターの設立

1863年、ヘンリー・フォードはアメリカのミシガン州ディアボーンに農家の子として生まれました。しかし農業にはそれほど興味を抱かなかったようで、16歳のとき、隣町のデトロイトでエンジニアとして職を得ます。その後、発明王として有名なトーマス・エジソン（1847-1931年）が経営する照明会社（The Detroit Edison Company）でも働きました。そうしたなか、当時発明された自動車に魅了され、会社を辞めてまでクルマづくりに没頭していきます。

1903年、フォード40歳のとき、ついに自らの会社フォード・モーター（Ford Motor Company）を起業します。そのころのアメリカでは、他にも多数の小さな自動車メーカー（多くが年間生産量数百台以下）が乱立し、1903年から26年までの間に180社近くできたと言われますが、そのほとんどは撤退あるいは吸収合併され、最終的に、フォード、GM、クライスラーの現在のビッグ・スリーと言われる3社に落ち着くことになります。

会社設立後、フォードはA型と名づけたモデルを皮切りにアルファベット順にB型、C型と次々と新製品を市場投入していきます。その間、自動車の設計レイアウトも試行錯誤を重ねながら、エンジンを車体の前に置き（当初は座席の下にエンジンがありました）、ドライブシャフトを通じて車輪を動かすという現在の自動車の形へと徐々に近づいていきます。そして1908年、自動車産業界のエポック・メイキングとでも言うべきT型（Model T）を発売します。

T型フォードの誕生と大成功

　T型フォードは「小型、軽量、低コスト」をコンセプトとし、第1に自動車として非常によくできた製品でした。QCDで言えば、屋台骨であるQ（品質）の部分がまずもってしっかりしていました。好評だった以前のモデルで培った基本設計を受け継ぎつつ、シンプルで耐久性があり、誰にでも扱いやすいという特徴を持っていました。それまでは富裕層向けの遊び道具だった自動車を、大衆向けの足に変えたいというヘンリー・フォードの強い想いがギッシリ詰まった製品だったのです。市場もそれにすぐに反応し、T型は爆発的なヒットを記録します。発売翌年の1909年には、2万台近くを販売しました。

　それからも生産・販売台数は右肩上がりで伸びていき、1908年から1927年までの20年間に1,500万台以上を売り上げることになります。ピークの1923年には、年間210万台が生産されました。T型発売前年（1907年）のアメリカ市場全体での自動車生産台数が4万台だったことを考えると、T型フォードの成功がいかに驚異的だったのかがわかります。

　販売価格も、売り出し当初は950ドルでしたが、最終的には300ドル以下まで下がりました。当時の平均労働者の年収が約1,200ドルでしたので、自動車がやっと庶民の手に届くようになったわけです（**図表2-1**）。

　こうして、アメリカにモータリゼーションの時代が到来します。人々は自動車で自由に移動するようになり、郊外に家を構えて都市に通うというライフスタイルが生まれました。それに伴い、郊外型スーパーマーケットも発展していきます。他に、道路建設やガソリンスタンドの普及など

●T型フォード

■ 図表2-1　T型フォードの生産台数と価格推移

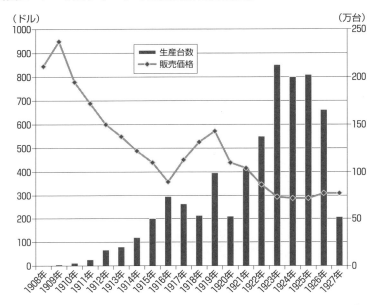

出所：塩見治人［1978］『現代大量生産体制論』森山書店、184ページをもとに作成

もモータリゼーションを後押ししました。

　T型フォードはアメリカ以外でも生産・販売され、一時期は世界の道を走る自動車の半分をT型フォードが占めたと言われています。このように、T型フォードが自動車産業という1つの産業をつくり出し、われわれの社会そのものを変えたと言っても過言ではありません。

▶ T型フォードの集中生産

　T型フォードの成功でもう1つ驚くべきことは、19年間大きなモデルチェンジが行なわれなかったということです（ライトをアセチレンランプから電気ランプへと変えるなどの小さな技術改良は続けられました）。途中からは設定ボディカラーも黒色のみ、車台（シャーシ）の上に載せるボディそれ自体はセダンやトラック型など9タイプありましたが、車台は1つ

だけでした。それだけヘンリー・フォードは、T型の完成度に絶対の自信を持っていたのです。そのことを象徴するように、「顧客は皆、好きな色のクルマを選ぶことができる、それが黒色である限りは」（Any customer can have…any color that he wants so long as it is black）とフォードは言ったとされます。

しかし、それが結果としてフォード陥落の引き金になるのですが、1909年以降はT型以外のモデルは一切生産せず、20年近く同じ自動車をつくり続けました。それを可能にした大量生産の仕組みが、次に説明する**フォード・システム**（Ford Production System）です。

▶ フォード・システムの成立

毎年のように急増する需要に応えるため、フォード社の工場では数々の生産改革が試行され、フォード・システムとして有名になる大量生産システムへと結実していきます。その特徴は、「**部品の互換性**」「**標準化と分業**」「**移動組立方式**」の3つの柱からなります。

● 部品の互換性コンセプトの確立

フォード・システムができ上がる過程においてとりわけ重要だったのが、**部品の互換性**コンセプトの確立です。これは、別々の人がそれぞれ大量につくったネジなどの部品を箱から任意に取り出しても、その寸法が高い精度で一致していることを言います。

これだけを聞くと、当たり前のことのように思えるかもしれません。しかし、テイラーの科学的管理法の話を思い出せばわかるように、19世紀末の生産現場では作業者の経験と勘をベースにしたものづくりが一般的でした。でき上がってくる部品の寸法はバラバラだったのです。そこで、当時の生産現場にはフィッターと呼ばれる熟練の仕上げ工がいて、その人が部品1つひとつにヤスリがけなどを行ない、それぞれの形状を一致させていました。これでは作業効率が悪いのは言うまでもなく、大量生産には向きません。

それを解消するため、専用工作機械の導入と加工精度向上、作業手順および道具の**標準化**をフォードは進めます。もちろん、それらが一夜にして実現できたわけではなく、ヘンリー・フォード1人の天才的なひらめきと構想から誕生したわけでもありません。会社設立当初のピケット工場、後にＴ型フォード専用の工場としてつくられたハイランド・パーク工場（1910年設立）等で、数多くの実験と失敗を繰り返しながら、試行錯誤のなかで部品の互換性コンセプトが徐々に形となっていきました。フォード社の数多くの人々による叡智の結晶だったのです。これは、後述する移動組立方式に関しても同じです。

加えて、この互換性コンセプト自体もフォード社オリジナルの発想ではなく、その源流を遡っていくと、19世紀前半の軍需工場における銃生産のなかに見出すことができると言われています。しかし、部品の互換性という概念を大量生産と連結させ、効率的なものづくりの仕組みを確立したのは、紛れもなくフォードだったのです。

● **徹底した標準化と分業の推進**

部品の互換性を実現するためになくてはならない取り組みが、**標準化と分業**です。標準化に関しては今述べたように、Ｔ型フォード専用の工作機械を導入し、標準作業とそれぞれの作業に必要な標準時間を定めました。そして、組立に必要な作業を約30個に分割し、作業者1人ひとりが受け持つ仕事をなるべく単純なものへと編成していきました。

こうして、生産現場から熟練技能が極力排除され、誰が働いても均質な製品づくり（互換性の確保）ができるようになりました。ものづくりに携わったことのない作業者を多数雇用する必要があった当時には不可欠な取り組みでした。Ｔ型フォードの設計自体も量産を意識したものとなっており、作業分割（分業）がしやすいシンプルな構造になっていました。

● **定置組立から移動組立へ**

こうして、標準化と分業を推し進めながら部品の互換性を確立したフォードでしたが、並行してさらなる生産効率化の手段を導入します。それが、

移動組立方式（moving assembling）です。

　Ｔ型フォードの組立は当初、車両を定位置に固定し、その周りを作業者が巡回しながら部品を組みつけていくという**定置組立方式**（stationary assembling）でした。しかし、これでは急増する需要に生産が追いつきませんでした。そこで考え出されたのが、**人を動かさずにモノを動かす**という移動組立方式です。

　まず、分業化された各作業ステーション（**工程**）を連続した線（ライン）で結びます。このように結ばれた連続工程のことを、**生産ライン**と呼びます。そして、工程ごとに作業者が固定配置され、その間をモノが流れていく、いわゆる**流れ作業方式**の導入です。

　移動式組立ラインの最初の実験は、Ｔ型フォード導入以前（1908年）にも行なわれました。しかし、そのときはうまくいかず、増え続ける生産量への対応を迫られていた最中の1913年、ハイランド・パーク工場で再度本格的な試用実験が始まります。エンジンブロックの鋳造工程から導入を行ない、その後、発電機・トランスミッション等の部品生産へと徐々に拡大していきました。エンジンやラジエターなどの部品も、自動で組立作業者のもとにベルトコンベアで運ばれる仕組みをつくっていきます。最終的には、部品生産・機械加工・成形・車両組立の各工程が連続してつながりました。こうして、当初は１台つくるのに12時間以上を要していた車台の組立は、１時間30分にまで短縮されました。

　しかし、ここで注意しなければならないのは、移動組立方式＝ベルトコンベアというように単純に捉えてはいけないという点です。重要なのは、ベルトコンベアの存在ではなく、「人ではなくてモノを動かす」という発想の転換そのものです。モノの動かし方は、手押しでも重力を利用した方法でも構いません。

● フォード・システムの完成

　1918年、それまで培ったノウハウをふんだんに盛り込んだリバー・ルージュ工場を新たに建設し、Ｔ型フォードの生産は最盛期を迎えます。リバー・ルージュには、製鉄所や製材所、ガラス工場までもが完備され、自動

車をつくるために必要なありとあらゆる設備が揃った超一貫生産工場でした。当時、鉄鉱石の高炉投入から完成車が生産ラインを出るまでの所要時間は、最短で48時間だったと言われます。現代の自動車工場と比べても圧倒的なスピードです。

こうしてヘンリー・フォードは、部品互換性による連続大量生産を「専用工作機」「分業」「標準化」「移動組立方式」を通じて実現し、フォード・システムを完成させたのです。

● フォードとテイラーに交流はなかった

以上の説明からもわかるように、フォード・システムとテイラーが科学的管理法として編み出したものづくりの手法は、その大部分が酷似しています。**作業と道具の徹底した標準化をもとに生産現場から熟練技能を排除し、生産の効率化を促す**という基本思想は同じです。しかし、同じ時代を生きたフォードとテイラーとの間に直接的な交流があったわけではないようです。お互いに影響を及ぼし合ったという記録も残っていません。

20世紀初めのアメリカ製造業における旺盛な需要と慢性的な人手不足という環境のもと、奇しくも同じ思想を持つに至った2人の人間が生まれ、今日まで続く大量生産システムの基盤を築き上げたのです。

▶ 規模の経済と経験曲線効果

T型フォード成功の理由の1つは、何と言ってもその価格の安さにありました。950ドルから最終的には260ドルまで価格が下がったことにより、自動車が誰にでも買える製品になったのです。ここで読者の皆さんに、基本的な問いを投げかけます。

　　T型フォードの価格はなぜ下がったのか？

おそらく多くの人が「大量につくってコストが下がったから」と答えるでしょう。では、なぜ大量につくるとコストが下がるのでしょうか。ポイントは2つです。

● 規模の経済とは

規模の経済（economy of scale）、あるいは**スケールメリット**という言葉を聞いたことがあると思います。これは、ある一定の期間内に大量の製品をつくったほうが、少量の製品をつくるよりも製品１個あたりのものづくりに要するコスト（費用）が安くなる現象のことを言います。

ものをつくるのに必要なコストには、大きく２つあります。生産量の増減に比例して変わる**変動費**と、生産量の大小にかかわらず発生する**固定費**です。変動費の多くを占めるのは、材料費（調達費）です。生産量を増やせば、当然その分だけ材料が必要になります。歩合給や時間給で賃金を支払っている場合の人件費も変動費です。

規模の経済について考えるときに重要なのが、何も生産していないときでも発生する**固定費**の存在です。第４章でも解説しますが、代表的なものに、工場の地代や家賃、水道光熱費、設備の減価償却費などがあります。これらの費用は、仮に生産量がゼロであっても一定量が必ず発生します。しかし、生産量を増やすことによってこれらの費用負担を製品間に分散させることができるため、製品１個あたりのコストが逓減していきます。

そのロジックを簡単に示したのが**図表２-２**です。左側の図表の縦軸が総費用（変動費＋固定費）、横軸が生産量を示しています。総費用を生産量で割って求められる曲線を描いたのが右側の図表です。生産量を増やせば単位あたりのコスト（**平均費用**）が下がっていくことがわかります。しかし、無限に下がるわけではありません。一定点まで下がった後に費用曲

■図表２-２　規模の経済

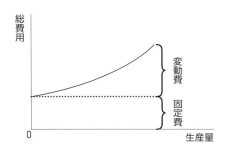
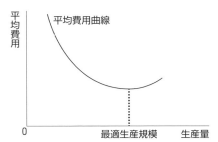

線が上昇に転じているのは、生産量があまりにも多くなると、1つには作業効率が悪くなり（必要な作業者が多くなりすぎて、効率的な動きや配置ができなくなるなどの理由によります）、逆にコストが上昇していくからです[18]。

以上が、規模の経済が発生する基本原理ですが、必要となる固定費の額が大きく、かつ生産量の増加に伴う追加費用がそれほど高くならない産業や製品においてとりわけ強く働きます。自動車産業は、その典型的な産業です。今日、自動車の1プラットフォーム（エンジンやサスペンションなど、クルマの基本性能をつかさどる部品を取り付けるための骨格部分）あたり、年間20万台から30万台が最適生産規模だと言われています。例えば、年間で1万台以下の生産量しかないイタリアの高級車フェラーリの値段が高い理由も、1つには規模の経済で説明できます。もちろんフェラーリの場合には、コストだけではなくブランド価値の維持も含めての高価格設定だということも付け加えておきます。

大量生産とコストとの関係を考えるときに、もう1つ重要な概念が次に説明する経験曲線効果です。

● 経験曲線効果とは

製品の累積生産量が増加すれば、単位あたりのものづくりコスト（生産コストだけに限らず販売費等も含めた総コスト）が一定の比率で低下する現象のことを**経験曲線効果**（experience curve effect）と呼びます[19]。一見すると、規模の経済の概念とよく似ていますが、「累積」という時間軸が入っている点に注意してください。**図表２－３**に仮想例を示しています。

月産1,000個の生産能力がある工場があると仮定します。立ち上げ当初、製品1個あたりのコストは100円でしたが、累積生産量が倍増するにつれて20％ずつ下がっていることがわかります。

このように、ものづくりの世界では、月あたりの生産量は同じでも、時間の経過とともにコストが一定の比率で下がっていく現象が確認されています。このコスト低下比率のことを**習熟率**（**図表２－３**のケースでは80％）と言います。

■ 図表2-3　経験曲線効果

	N月	N+1月	N+3月	N+7月
累積生産量	1,000個	2,000個	4,000個	8,000個
単位コスト （習熟率80％と仮定）	100円	80円	64.0円	51.2円

　皆さんも、自分で料理をするときのことを思い浮かべてみてください。初めてつくるメニューのときには、不慣れなために時間もかかり、材料もムダに使ってしまうといったことが多いでしょう。しかし、2回、3回と回数をこなしていくうちに、まさに経験を積んで次第に手際がよくなり、料理スピードも上がっていくと思います。これが、経験曲線効果です。実際のものづくり活動においては、以下のような要因によってコスト低減効果が表れると言われています[20]。

- **作業者の能率向上**：繰り返し作業によって作業者の習熟度が上がっていく
- **作業の専門化と方法の改善**：分業のあり方が見直され、作業方法そのものが改善されていく
- **生産工程と生産設備の能率向上**：新たな生産方法や、設備の使い方のノウハウが蓄積されていく
- **製品の標準化**：製品の標準化が進み、作業の習熟化が促進される
- **製品設計の見直し**：時間が経つにつれ、効率生産に適した設計へと次第に改善されていく

　これらを見てもわかるように、経験曲線効果はどちらかと言えば、ものづくりの現場の**能動的な働きかけと努力**によって発生するものです。ただたんに累積生産量を増やしたからといって、自然とコストが下がるわけではないことに注意してください。これが、生産規模を拡大すれば、ほぼ自動的にコストが低下する規模の経済とは異なる点です。

　習熟率は産業や製品によって異なりますが、同じ産業内であれば企業間や製品間でそれほど大きな違いはないとされています。T型フォードの場

合、約85％の習熟率でコストが下がっていったと言われます[21]。

T型フォードの成功はいつまでも続かなかった

　こうしてフォードは1908年から27年までの間、T型を延々とつくり続け、規模の経済と経験曲線効果によって必要なコストを劇的に引き下げ、それを価格低下に結びつけていきました。その結果、一時期にはアメリカの自動車市場シェアの約55％を獲得するという圧倒的な競争力を誇ったのです。

　しかし、フォードの成功は1920年代半ばに終焉を迎えることとなります。その理由について考えるのが次のテーマです。そこから、大量生産システムが持っている課題が見えてきます。

2-4 GMの台頭
フレキシブル大量生産の幕開け

▶ **アメリカ自動車市場の成熟化とフォードの衰退**

　20世紀初頭のアメリカでは、フォード社以外にも多数の自動車メーカーが存在し熾烈な競争を繰り広げていました。そうしたなか、安価で使いやすいT型フォードの登場と大量生産システムの確立によって自動車市場は劇的な変貌を遂げます。それまでは富裕層の娯楽品だった自動車が、ヘンリー・フォードの目論見どおり庶民の足としての道具に変わります。1925年ごろには、当時のアメリカの全世帯（2,340万世帯）の約80％が自動車を保有するまでになりました。ほぼ1家に1台という状況が生まれたわけです。

　そこで次に起きた市場の変化が、新規需要から買い替え需要へのシフトでした。そうなると多くの消費者の心理として、次に買うクルマは少なくとも今までとは違うクルマが欲しいと思うのが普通です。しかしフォードは、そうした消費者の心に寄り添うことができず、T型フォードの販売にこだわり続けました。しかも、大きなモデルチェンジは行ないませんでした。その結果、多くの消費者が次第に離れていき、フォードの市場シェアは、1921年に55％だったものが1926年には30％台まで低下してしまいます。

▶ **アルフレッド・スローンの登場とGMの躍進**

　フォードが競争力を落としていくなかで躍進を遂げたのがGM（General Motors Company）です。1900年代初頭のアメリカ自動車産業は、小さなメーカーが生まれては消えるという多産多死の状況でしたが、GMが産声を上げたのもその時期です。1908年、ビリー・デュラント（1861-1947年）

●アルフレッド・P・スローン Jr.

によって創設されたGMは、その後いくつかの小さな自動車メーカー（そのなかには、GMの高級車ブランドとして今も残るキャデラックもありました）や部品メーカーの買収（M＆A）を繰り返し、規模を拡大していきます。その成長を確かなものとした人物が、次の主役**アルフレッド・P・スローン Jr.**（1875-1966年）です。

　MIT（マサチューセッツ工科大学）を卒業したスローンは最初、小さなベアリングメーカー（Hyatt Roller Bearing Company）に就職します。そこで経営者としての才能を現し、23歳という若さでトップの座にまで登りつめます。そのメーカーがGMに買収された後の1923年、同社でも社長の椅子についたスローンは次々と革新的な経営手法を繰り出し、GMを全米ナンバーワンの自動車メーカーへと導いていきます。では、どのようにしてそれを成し遂げたのでしょうか。

● フルライン戦略と定期的モデルチェンジ

　フォードがT型の生産に固執していたのとは逆に、スローン率いるGMは、市場の変化に応える戦略をとりました。M＆Aによって大きくなっていったGMは、シボレー、ビュイック、ポンティアック、キャデラックといった多数の企業とブランドを傘下に抱えていました。スローンは、それらを市場のニーズに合わせて整理統合していきます。

　まず、市場を価格帯ごとに細分化し、それぞれのセグメントに消費者の所得に沿って高級車（キャデラック）から大衆車（シボレー）まで割り当てていきました。このように、市場のあらゆるニーズに応えられるよう製品のラインナップを充実させる戦略を**フルライン戦略**と呼びます。さらに同じ車種にも、様々な色やセダンやクーペといった型式を揃えて、消費者に多様な選択肢を提供しました。販売店に関しても車種ごとに専門ディー

ラーを設けて、きめ細かい顧客対応を行ないました。

　同時に、定期的にクルマをモデルチェンジすることによって意識的に製品を陳腐化させ、消費者に買い替えを促しました。古いクルマの下取りや、割賦販売といった仕組みも新たに導入し、今日までつながる自動車販売手法の基礎を築いていきます。こうしてスローンは、1車種（色も黒色のみ）にこだわっていたT型フォードからそれに飽きた顧客を奪うことに成功し、1927年に販売台数でフォードを抜き去るのです。

● フレキシブル大量生産の実現

　ただし、GMは決してフォードがつくり上げた大量生産システムを否定したわけではないという点に注意してください。あくまでもフォードが確立した大量生産システムを基盤にして、そこに多品種で多仕様なモデルを提供するという手法を付け加えたのです。

　具体的には、フォードの工場がT型専用の設備であったのに対し、GMでは設備に汎用性を持たせることによって、複数の車種の生産を可能としました。部品に関しても、車種間・世代間で可能な限り共通化し、**大量生産と多品種生産の両立**を図ったのです。

　もちろん、こうした状況に対してフォードもまったく手をこまねいていたわけではありません。1927年、リバー・ルージュ工場の操業を一旦停止し、新しいA型モデルの開発と生産に着手します。しかし、T型に特化していたものづくり体制の変革に7ヶ月もの期間を要することとなり、結局GMを打ち負かすことはできませんでした。フォードは、大量生産に**柔軟性（フレキシビリティ）**という概念をいち早く持ち込んだGMに敗れ去ったのです。

2-5 大量生産システムが持つ課題とその克服
製品多様化との戦い

▶ **製品・工程ライフサイクルと生産性のジレンマ**

　ここまで述べてきた20世紀初頭のフォードの圧倒的な成功と衰退、その隙を突いたＧＭ躍進のケースから、製品（広くは産業）と、それをつくるための生産システムの発展プロセスのなかに一定のパターンを見出すことができます。

　マーケティング論の世界では、人間の一生と同じように製品にも、誕生してから消えていくまでの過程に一定のパターンがあるとされており、**製品ライフサイクル**と呼ばれています。

　この理論によれば、製品の一生は、新製品が市場投入される**導入期**、市場が拡大していく**成長期**、市場の成長が止まる**成熟期**、やがて市場が縮小していく**衰退期**の４つに分けられます。そして、それぞれの段階に適したマーケティング戦略があるというものです[22]。もちろん、すべての製品がいつも綺麗にこのような時系列をたどるわけではないのですが、大まかな市場傾向をつかむには適した理論です。

　この製品ライフサイクルに生産システムの進化という軸を加えて、両者の相互関係について考えてみましょう（**図表２-４**）。

● **導入期 ── 生産システムは流動的**

　市場に何か新しい製品が登場したとき、通常はその機能や搭載技術の方向性がまだ定まっていません。この時期は、消費者側も製品の評価基準や使い方に関して確固たるものを持っていないことが多く、混沌としたなかで製品が放射状に進化していきます。製品革新の頻度は多くても決定的な競争軸がないため、市場環境は非常に不安定な状態だと言えます。

■ 図表2-4　製品と工程のライフサイクル

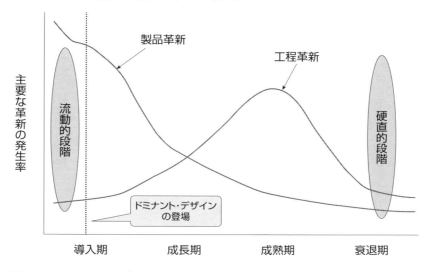

出所：Abernathy, W.J.［1978］*The productivity dilemma,* The John Hopkins University Press, 図4.1 を修正

　この時期には売上も低く先行きも不透明なため、生産する企業側も、大規模な設備投資や自動化された生産技術に資源を集中投入することを控える傾向があります。したがって製品革新に対して、生産システムそれ自体の革新（工程革新）はあまり生まれません。自動車産業で言えば、電気・蒸気・ガソリンエンジンが混在していた1900年前後の時期に当てはまります。

　製品によってはこの時期に市場から消えてしまうものもありますが、うまくいけば消費者（市場）の大きな支持を得るような製品が誕生し、その後の技術進化の方向性が定まります。このように、産業発展の競争軸を決定づける製品デザインのことを、**ドミナント・デザイン**（Dominant Design）と呼びます。この場合のデザインというのは、外観面でのデザイン（見た目）のことだけではなく、もっと幅広い技術や機能を含めた製品設計という意味でのデザインです。そういう意味で、ドミナント・デザインは「支配的な製品設計」と訳せます。

　T型フォードは、まさに自動車産業界のドミナント・デザインだったわ

けです。最近の事例で言えば、スマートフォンにおけるアップルのiPhone（2007年～）がそれにあたります。iPhoneの登場以前には、文字の入力方法や外観デザイン等に関して様々な形式が混在していました。しかし、iPhoneの出現によって、大きな液晶タッチパネルを搭載し、指で直接画面に触れて操作するという形がその後のスマートフォンのドミナント・デザインとなり、今ではそれ以外の形式の製品を見ることはほぼなくなりました。

　こうしてドミナント・デザインが登場すると、企業が資源投入すべき技術領域と方向性が確立するため、市場が一気に立ち上がり成長期へと突入します。

● 成長期　──　生産システムの発展・移行期

　成長期になると、製品それ自体の技術革新に関しては、ドミナント・デザインによって特定化された機能を漸進的に進化させていくという傾向が強くなります。したがって、製品革新の度合いは減っていきます。

　それに対して生産システムのほうは、つくるべき製品が定まり、同時に市場の拡大に供給側が対応するため、効率的な生産方法の確立をめざして数多くの工程革新が生まれ飛躍的に進化していきます。こうしてでき上がったのがフォード・システムであるというのは先述したとおりです。

● 成熟期から衰退期　──　生産システムは硬直化する

　市場の成長が止まり成熟期に入ると、生産システムも安定し、規模の経済と経験曲線効果が相互作用を発揮して生産効率は上昇しますが、製品と工程の革新発生頻度は徐々に落ち、共に大きな変化が起きにくい硬直的な状態へと収斂していきます。

　さらに、製品のライフサイクルが成熟期から衰退期に進むにつれて、製品は標準化し、生産システムは特定の製品モデル向けに特化したものとなります。その結果、製品設計と生産システム双方の革新性と柔軟性が失われるのです。こういった現象を、ハーバード大学のウィリアム・J・アバナシー（1934-1983年）は、**生産性のジレンマ**と名づけました[23]。20世紀

初頭のフォードはこれに陥ってしまったのです。

▶ 大量生産システムに突きつけられる課題とは？

　ここでもう少し、生産性のジレンマの概念を援用しながら、製品と生産システムの相互関係を整理し、大量生産システムが持っている課題について考えたいと思います[24]。

　企業が大量生産システムを構築する目的は、すでに説明したように**コストの低減**です。製品を数多くつくることによって固定費負担を分散し、単位あたりコストを引き下げるのです。そうすることによって、競争力の根幹をなす利益獲得へとつなげます。しかし、ここで企業は1つの課題に直面します。それは、一旦構築した大量生産システムを維持し続けなければならないという現実です。

　詳しくは第4章で説明しますが、ある一定の生産量（**損益分岐点**と言います）を確保できなくなると、工場は赤字に陥ります。つまり企業が長く生き残るためには、生産し続けるということが至上命題として課されるわけです。しかし、生産を継続するためには、当たり前ですが製品が売れることが条件になります。ライバル企業であってもそれは同じです。

　こうして多くの企業が消費者の獲得をめざせば、市場競争が激しくなります。前章で「企業の競争力とは、市場で自社の製品が消費者に選ばれ、そのことが長期的に利益を生み出す力である」と述べました。競争相手ではなく自社の製品を選んでもらうためには、市場のニーズに寄り添う必要があります。通常、時間が経つにつれてニーズは多様化していきますから、それに合わせて製品も多様化していくことになります。多様化の程度は企業によってそれぞれ異なりますが、少なくとも1種類1仕様の製品のみで今日の市場競争にいつまでも勝ち続けることは不可能と考えてよいでしょう。T型フォードの時代でもそうだったわけですから、数多くの製品があふれかえる現代の市場においてはなおさらです。

　ここでもう1つの問題が発生します。製品の種類と仕様を増やす、あるいは頻繁にモデルチェンジをするといった、市場競争に勝つための行為は

すべて、ものづくりに要するコストを上昇させる要素を持っているということです。多様な製品をつくろうと思えば、品質管理にかかる手間暇が確実に増えます（第3章）。生産設備と生産工程も複雑化します（第4章）。品種と仕様数が増えれば需要予測が難しくなるため、売れない在庫を抱えるリスクも上がります（第5章）。生産コストだけでなく開発コストも増加します（第6章・第7章）。

　ここまでの話をまとめてみましょう。

- 企業は、コストを引き下げるために大量生産システムを構築する
- しかし、大量生産システムを維持するためには、製品を売り続けなければならない
- その結果、市場競争が激しくなるが、自社製品を売るためにはライバルとの競争に勝たなければならない
- そこで、競争に勝つために製品の多様化を進めることになる
- するとコストが上昇する

　これが、大量生産システムが必然的に内包している課題であり、今日のものづくり企業が等しく直面する現実なのです。言い換えれば、競争力を発揮するためには、この問題を解決しなければならないということです。そのために必要なのは、端的に言えば、製品の多様化に伴うコスト上昇を抑える柔軟な大量生産の仕組みの構築です。

　しつこいようですが、今日のものづくりの仕組みの屋台骨を成しているのは大量生産です。現時点では、大量生産システムを凌駕できるコスト低減の仕組みはまだ発明されていません。もちろん、フォード・システムが生まれた100年前と比較すれば、同じ生産量でも必要な固定費の額は技術革新によって相対的に小さくなっているとは言えます。しかし、依然として製造業が固定費回収ビジネスであるという事実は、今も決して変わりはありません。

　したがって、**大量生産を行ないながら、同時に多様化する製品のコスト上昇をいかに抑えるのか**という点が、現代のものづくり企業の競争力を左

右するのです。次章以降では、この問題についてQCDそれぞれの軸から具体的に考えていくことになります。

> **Column** 日本製造業の国際的躍進とリーン生産研究

大量生産システムが持っている課題に取り組み、競争に打ち勝ったのがスローン率いるGMだったわけですが、より高いレベルでこの問題を克服し20世紀後半（とりわけ1980年代以降）に国際的躍進を遂げたのが、日本のものづくり企業でした。**図表2-5**は、アメリカ市場におけるトヨタ自動車のシェアの伸び、現地生産台数、日本からの輸出台数の推移（1986-2013年）を表しています。

その反面、製造業の競争力を落としたのがアメリカ企業でした。そこでアメリカは1980年代を通じ、産官学を挙げて日本のものづくり（特

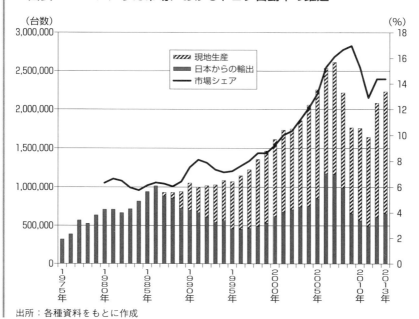

■図表2-5　アメリカ市場におけるトヨタ自動車の躍進

出所：各種資料をもとに作成

に自動車産業）を徹底的に研究し、その手法を体系化していきます。なかでも代表的な研究プロジェクトが、MIT（マサチューセッツ工科大学）を中心として行なわれた国際自動車研究プログラム（IMVP：International Motor Vehicle Program）です。このIMVPで提唱された強い生産システムの理念型が、**リーン生産システム**と名づけられました。リーン（lean）というのは、「贅肉やムダのない」という意味です。つまり、リーン生産システム＝余分なコストを削ぎ落とした効率的なものづくりの仕組み、というわけです。

IMVPが1990年に出版した報告書『リーン生産方式が、世界の自動車産業をこう変える。』[25]は、各国で翻訳され、研究書としては異例の世界的ベストセラーになり、業種を問わず数多くの企業に影響を与えました。興味のある方は読んでみてください。

第2章のポイント

- ✓ 今日のものづくりの基盤にあるのが、大量生産システムである。
- ✓ 20世紀初頭にその礎を築いたのが、テイラーの科学的管理法とフォード・システムである。
- ✓ テイラーは、それまで成り行き任せだったものづくりの現場に標準化という概念を植え付けた。
- ✓ ヘンリー・フォードは、T型フォードの生産を通じて大量生産システムをつくり上げた。
- ✓ 大量生産システム構築の目的は、規模の経済にもとづく生産コストの低減を行なうことである。
- ✓ T型フォードの生産にこだわりすぎたフォードは、多品種生産に成功したGMに負けることになる。
- ✓ 大量生産を行ないながら、多様化する製品の生産コスト上昇をいかに抑えるのかという点が、ものづくり企業の競争力を左右する。

第3章

品質管理

　ものづくりの競争力指標であるQuality（品質）、Cost（コスト）、Delivery（納期）のなかで、品質と競争力との関係から見ていくことにしましょう。3つの指標はすべて大切ですが、製品の品質は消費者の購買行動に直接影響を与えるものですから、特に競争力を左右します。本章では、品質とは何かということから始まり、高品質な製品を市場に送り出すために必要な仕組みについて考えます[26]。

3-1 品質とは何か?
設計と生産の好循環が良品を生む

▶ **品質の良し悪しを決めるのは消費者**

　「この製品、品質がいいね!」と言うとき、皆さんはどのような基準でその良し悪しを判断しているでしょうか。

　洋服であれば、着心地がいいとか、縫製がしっかりしている、洗濯しても生地がヨレヨレにならない、デザインがかわいいなど、数多くの判断基準があり、それらのどれを重視するかによって、つまり品質の捉え方は人それぞれ異なります。さらに、これらの評価基準のなかでも、デザインの良し悪しなどは主観的なものですし、対して縫製や生地の良し悪しなどは客観的に判断できる類のものです。

　日本のトヨタ自動車がつくっているハイブリッドカー(ガソリンエンジンと電気モーターの両方を動力源としている自動車)のプリウスがあります。グレードにもよりますが、値段は300万円弱で、オイル交換や定期点検さえしていれば、日常使いのなかで大きく壊れることは滅多にないでしょう。それとは対照的な自動車に、高級スポーツカーのフェラーリ(正確には、フェラーリ社がつくっている自動車の総称)があります。値段は1台2,000万円以上します。普通に走っていても、プリウスと比べると故障頻度や定期的なメンテナンスにかかる費用も圧倒的に高いです。数年おきに行なわなくてはならないクラッチの交換だけで1回数十万円するとも言われます。

　しかし、「プリウスとフェラーリのどちらの品質がいいのか?」という問いに絶対的な正解はありません。あえて言うならば、どちらのクルマも高品質です。値段のわりに壊れやすいという側面だけを捉えて「フェラーリの品質は悪い」というのならば、なぜフェラーリを買う人が長年にわた

って途切れないのかということに説明がつきません。もちろん、これは極端な例ですが、第１章でも述べたように、本書で定義する高品質な製品というのは、**消費者が買いたいと思い、かつ買った後で満足度の高い製品**のことです。つまり、面倒なことが多くても世の中のフェラーリオーナー達が満足しているからこそ、長年にわたってその競争力が保たれているわけです。

　以上のように、品質の概念には相対的かつ主観的な側面があります。製品の性能や機能、耐久性、信頼性、外観デザインなど、様々な要素が混在していて、その定義も論者によって様々です[27]。ただし、競争力（自社の製品が消費者に選ばれ、長期にわたって利益を獲得できる力）という視点から見て確かなことは、その製品の質が高いかどうかを判断するのは、**消費者であり市場**だということです[28]。

▶設計品質と製造品質

　とはいえ、品質の概念は多様であると言っても、それでは話が進みませんので、ものづくりの現場の視点から少し整理をしてみましょう。

　実際に製品をつくる企業の側から見ると、品質は「**設計品質**」と「**製造品質**」と呼ばれる２つの指標に分けられます。この区別は重要ですから、しっかりと理解してください。

　設計品質というのは、**企業が消費者に対してあらかじめ約束した品質**（機能や性能、外観、信頼性、耐久性など）のことを示します。言い換えると、製品設計の段階で**目標**として狙った品質です。

　そうして狙った設計品質が、実際に製品を生産し市場に投入された後、消費者の購買・使用の段階でどこまで**現物のなかに実現されているのか**というのが製造品質になります。要するに、製品が設計図どおりにちゃんとできているのかどうかを表す指標です。

　男性の読者の多くは、プラモデルをつくった経験が一度はあると思います。この場合、皆さんが工場にあたると思ってください。プラモデルの箱にはたいてい、その製品の完成写真が載っています。たとえるなら、そこ

■ 図表3-1　品質の概念

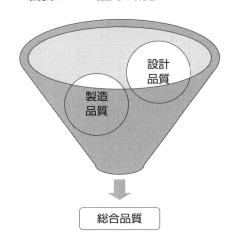

に写っている完成品の質、それが設計品質です。説明書の指示どおりに組み立てて色を塗れば写真のようにでき上がるということをプラモデルメーカー側はあらかじめ約束しているわけです。

　しかし、自分で実際につくってみると、完成写真と同じようにならないことがほとんどですが、いずれにせよ、でき上がったプラモデルの品質が製造品質です。また、家庭での料理にたとえれば、レシピ本のなかに書かれている料理の質（味と見た目）が設計品質、皆さんが実際につくってみたときのでき具合が製造品質です。

　この設計品質と製造品質の２つが合わさって、最終的な製品品質（**総合品質**）になります。いくら設計品質が優れていても、うまく生産できずに製造品質が悪かったら意味はありません。逆に設計図どおりに100％生産できたとしても、消費者が満足しないような魅力の薄い設計品質ではだめです。**よい設計**と**よい生産**の双方が歯車の両輪のようにうまく回ってはじめて、高い総合品質が実現できます（**図表3-1**）。

▶ 設計品質は消費者の声を代弁したもの

　第1章で、**製品というのは便益の束である**と説明しましたが、企業が製品を開発するときには、想定した消費者のニーズ（企業側から見れば提供する便益）を言葉や文章などで表すことから始めます。それを**製品コンセプト**と言います。例えば、1983年に誕生したカシオの腕時計G-SHOCKの製品コンセプトは「落としても壊れない丈夫な時計」でした。このように、顧客に提供する本質的な価値（便益）を定義したものが製品コンセプトです。

　開発作業では、製品コンセプトを客観的に捉えることのできる基準に置き換えていきます。「画面のガラス硬度＝○○」「ケースの強度＝○○」といった具合に、コンセプトを実現するために必要となる様々な特性を測定可能な科学的数値で表します。それを設計図面へと落とし込んで、現物としての試作品ができ上がります。この時点での品質が設計品質です。

　設計品質は消費者のニーズを代弁したものとも言えますので、**代用特性**とも呼ばれます。つまり、ニーズがどこまで製品のなかに正確に反映されているのかを示す概念が設計品質です。設計品質をつくり込み、その良し悪しを大きく左右するのは、企画・設計・試作などの製品開発業務になります。

　ただし消費者が通常、製品の設計図や試作品に触れることはありませんので、設計品質について直接評価することはできません。あくまでも消費者が評価するのは、製品が市場投入された後の製造品質です。

　設計品質の管理や改善については、本書後半の製品開発編（第6章と第7章）で解説しますので、以下では生産現場との関わりが深い製造品質の問題に焦点を絞りたいと思います。

3-2 品質管理コストの考え方
品質とコストはトレードオフの関係？

▶不良の概念

　ここで**不良**（defect）という概念について考えてみましょう。われわれ消費者も製品の品質について評価する際には「これは不良品だから返品しよう」などと言うことがあります。生産現場の視点から見ると、不良とは**「でき上がった製品が、あらかじめ設定した品質基準から乖離していること」**と定義できます。つまり製品が、事前に定められた寸法や重さ、性能、外観などから乖離していれば、それは不良品となります。したがって、いかに乖離を抑えるのかというのが品質管理の仕事だとも言えます。

　不良には、**内部不良**と**外部不良**の2種類があります。内部不良というのは、製品を出荷する前に発生する不良のことです。つまり、製品をつくっている工程内あるいは、出荷前の完成品検査のときなどに見つかる不良です。

　外部不良とは、製品出荷後に市場で発見される不良を指します。内部不良が発見されれば、そこで手直しや廃棄がなされますので、基本的にわれわれ消費者が不良品と認識するものは外部不良ということになります（**図表3-2**）。

　外部不良率（製品出荷数に対する不良品の割合）は、出荷後に受けた苦情数や返品率などで把握できます。内部不良率（全生産数に対する不良品の割合）は、工程内で何らかの修正が施されたり、廃棄されたりした製品の数が基準となります。この内部不良率を100％から引いた値のことを**歩留まり**と呼びます（要するに良品率のことです）。したがって「工場の歩留まりが高い」と言う場合には、その工場の良品率が高いという意味になります。

■ 図表3-2　品質と不良率の関係

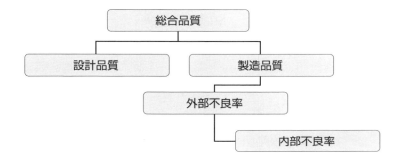

出所：藤本隆宏［2001a］『生産マネジメント入門Ⅰ』日本経済新聞社、図7.4を修正

▶ 公差とは何か？

　不良とは、狙った品質基準から乖離していることであると言いましたが、ポイントは「どれだけ乖離していたら不良であると判断するのか」という点です。生産した品目が「内部不良であるか否か」いう判断をくだすときの基準のことを**公差**と言います。公差は、具体的には「**企業が消費者に対して約束した製品機能上、許容できる最大と最小の測定値の差**」と定義できます。

　大量生産を行なっていれば、でき上がる製品の精度にはどうしてもばらつきが出ます。例えば、ある製品の設計上の寸法が、縦9cm×横13cmであると仮定しましょう。でき上がった2つの製品AとBの寸法を測ってみたところ、Aは縦9.1cm、Bは縦9.5cmでした。この製品の機能上、縦の長さは8.8〜9.2cmの間であれば品質的に問題ない（＝良品である）とその企業が判断していたとすれば、この場合の公差は±0.2cmです。このときには、Bが不良品となるわけです。

　公差は企業が自主的に設定するものですが、設定基準はどこにあるのでしょうか。公差を甘く設定すれば、内部不良率は下がります。しかしその分、外部不良率の上昇を招く可能性があります。それによって製品と企業の評判が落ち、競争力が低下するかもしれません。ここで忘れてはならな

いのは、**品質の良し悪しを決めるのはあくまでも消費者**だという点です。したがって、消費者が良品だと許容できる範囲を基準として公差を設定するというのが基本原則です。そして一旦決めた公差は、安易に変えてはいけません。

▶品質とコストとの関係

次に、品質管理とコストの関係について考えていきます。コスト管理の詳細については次章で解説しますが、利益の獲得が目的である企業経営という視点から見れば、ものづくりに関わるすべての活動はコストとの対応関係で把握しなければなりません。

品質管理に伴って生じるコストというのは、端的には、**不良の防止と発生**に伴って生じるコストです。具体的には、以下の4つに分類できます。

- **検査に要するコスト**：材料・部品の受け入れ検査コスト、生産ライン内での検査コスト、出荷前検査コストなど
- **不良予防に要するコスト**：作業者の訓練コスト、品質改善プログラム費用、品質データ収集・分析コストなど

- **内部不良への対応コスト**：不良品の手直し・再検査・生産ラインのストップに伴うコスト、設計変更コストなど
- **外部不良への対応コスト**：苦情対策費、謝罪広告費、値引き・製品回収に伴うコスト、損害賠償訴訟費用など

検査と不良予防にコストをかければかけるほど、理論的には内部・外部双方の不良品率が逓減していきますので、不良対応コストは下がっていきます。逆もしかりです。つまり、上段2つの検査・予防コストは、下段2つの不良対応コストと基本的にはトレードオフの（両立が難しい）関係にあります。

▶伝統的な品質管理コストの考え方

　上記の関係性をグラフに表したのが**図表3-3**です。横軸が良品率、縦軸が良品1個あたりに必要な品質管理コストです。検査＋予防コストカーブが上昇していくに伴って、不良対応コストカーブは右肩下がりになっていることがわかります。なお、良品率が上昇するにしたがって検査＋予防コストカーブの傾きがきつくなっていますが、これは良品率を10％から50％に引き上げるよりも80％から90％に上げるほうが相対的に難しく、それだけ余計にコストがかかるからです。勉強してテストの点数を20点から60点に上げるよりも、80点を90点に上げるほうがより難しく感じるのと同じ理屈です。

　検査＋予防コストと不良対応コストカーブの値を足すと、U字型の総品質コストカーブが描けます。この総品質コストの値が最も低くなる点（U字型カーブの底辺）の品質水準を、**経済的最適品質水準**と呼びます。その工場の力からすれば、品質水準（良品率）を最適水準以上に上げることは

■図表3-3　品質とコストの関係（伝統的な考え方）

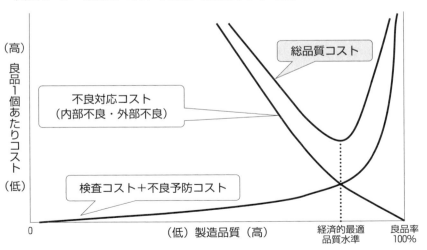

出所：Juran,J.M. and Gryna,F.M.［1988］*Quality control Handbook*:4th ed.McGraw Hill，図4.1を修正

企業収益的には望ましくなく、コスト的に最適な不良率が存在するということを**図表3-3**は表しています。なお、製造品質を左右する工程の力のことを**工程能力**と呼びます。

工程能力と似た言葉に**生産能力**がありますが、両者の違いに注意してください。生産能力と言う場合には、通常は「当工場の年間生産能力は13万台です」というように、一定期間に最大でどれくらいの生産量をまかなえるかという力のことを言います。それとは異なり工程能力は、良品をつくることのできる力のことです。

以上のような、いわば経済合理性を重視した伝統的な品質管理のコストに対する考え方は、主に欧米企業において発達してきました。

▶日本的な品質管理コストの考え方

それに対して、欧米企業とは異なるアプローチの品質管理思想を発達させてきたのが日本企業のものづくりです[2c]。

日本企業の多くでは、品質管理に際して**検査よりも予防を重視**し、不良品をつくらないためにはどうしたらいいのかということを、全従業員が考えて活動を行なっています。不良予防に要するコストそれ自体を低減させようと日々努力するのです。その結果、検査＋予防コストカーブの傾きが欧米企業のそれと比べると緩やかになる傾向があります。また欧米企業では、「不良品は少なからず発生する」ということが考え方の前提にあるため、**図表3-3**を見ればわかるように、検査＋予防にコストをどれだけかけたとしても100％良品の世界が実現できるとは、初めから想定していません。

日本企業の品質管理コストに関する考え方を表したのが**図表3-4**です。伝統的な品質管理の考え方と最も違う点は、100％良品が実現可能であると想定されていることです。**図表3-3**とは異なり、検査＋予防コストカーブが右端（良品率100％の位置）に接していることがわかります。もちろん常に全数良品を実現することは現実的には不可能かもしれませんが、いつかは達成可能な目標として設定し、全従業員が不良予防の取り組みに注力するのです。

■ 図表3-4　品質とコストの関係（日本的な考え方）

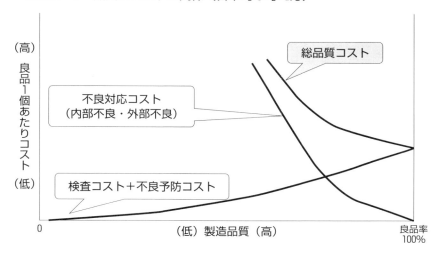

出所：Juran,J.M. and Gryna,F.M.［1988］*Quality control Handbook*:4th ed.McGraw Hill，図4.1を修正

　そうして企業の良品率が高まると、万が一不良品が市場に出回ったときの反応（品質低下に対する市場からのペナルティ）が大きくなるので、不良対応コストカーブの傾きがきつくなります[30]。その結果、不良品ゼロの状態をめざすことが、総品質コスト的に最も安くなるのです。つまり、品質とコストがトレードオフの関係にあるわけではなく、**品質向上とコスト低減を両立**させることが可能になります。

　1980年代、日本企業のつくる自動車とエレクトロニクス製品が世界市場で大きく競争力を伸ばした要因に、値段に対する品質水準の圧倒的な高さ（低コスト・高信頼性）がありました。それを実現できた背景に、品質管理に対する以上のような考え方があったと分析されています。

3-3 品質管理の歴史とTQC
全社一丸で品質向上に取り組む

▶ 統計的品質管理の発展

　品質管理コストに対する伝統的な考え方と日本的なそれとの違いを説明してきましたが、ここからは品質管理の歴史をひも解きながら理解を深めていきましょう。

　ものづくりの現場で品質管理という概念が本格的に根づいたのは、大量生産システムが生まれて以降です。前章で説明したように、連続大量生産を行なうことによって規模の経済と経験曲線効果を発揮させ、コストを下げるというものづくり手法が20世紀初頭にアメリカで確立されました。しかし大量生産を行なうにあたって、すべての部品と製品の品質を検査していては膨大な労力を要することになります。そこで経済的な効率性と品質保証を両立させるため、統計学を駆使する**統計的品質管理**（ＳＱＣ：Statistical Quality Control）と呼ばれる検査手法が編み出されました。

　これは、全製品（母集団）を１つひとつ検査するのではなく、いくつかをサンプル（標本）としてランダムに取り出し、それらが一定の品質基準を満たしているかどうかを判断し、その検査結果から母集団全体の品質水準を統計的に推定する方法です。こういったやり方を**抜き取り検査**と言いますが、その手法の１つである**計数選別型抜き取り検査**では、次のような手続きで検査を行ないます。

　生産した製品Ｎ個のなかからランダムにｎ個を抜き取り、それを検査します。そのなかの不良品の数が一定数（ｘ）以下だったらＮ個全体を合格、不合格だったら残り（Ｎ－ｎ）個を改めて全数検査します。

　こうした抜き取り検査は、電子部品など製品それ自体が小さく生産量が膨大な場合や、１つひとつの検査工程が複雑で時間がかかるときなどに多

く用いられます。

　統計的品質管理は、工程能力に応じた一定の不良発生率を前提としており、不良品を検査によって効率よく排除していこうというものです。伝統的な品質管理コストに対する考え方が、そのベースにあることがわかると思います。

　それに対して自動車や医療機器など、不良品を出すことによって生じる損害（訴訟費用等の外部不良対応コスト）が甚大になることが予想されるような製品では、不良品ゼロをめざした全数検査が行なわれることが通例です[31]。抜き取り検査を行なうのか、全数検査をするのかという選択は、製品の特徴、自社の工程能力、消費者が求める品質水準などを総合的に勘案しながら決定することになります。購入部品などでは、完成品の機能に決定的に重要な役割を果たす基幹部品は全数検査、それ以外は抜き取り検査といった選択をすることもあります。

▶日本におけるＴＱＣの発展

　欧米を中心として統計的品質管理が発展し、特にアメリカでは1940〜50年代の軍需産業においてその手法が急速に精緻化されていきました。それは、第２次世界大戦後の日本にもＧＨＱや品質管理の専門家の指導を通じて伝わります。戦前（あるいは戦後すぐ）の日本では、お世辞にも体系だった品質管理が行なわれていたとは言えず、当時外国では日本製品（メイド・イン・ジャパン）と言えば「安かろう悪かろう」という粗悪品の代名詞だったのです。

　しかし、日本では欧米から伝わってきたものとは異なったアプローチの品質管理手法が独自に発展していくことになります。テイラーの科学的管理法やフォード・システムを源流に持つ大量生産システムのなかから生まれた統計的品質管理では、**専門化・分業化の思想**が根強く残っており、品質管理も専門スタッフ（ホワイトカラーが担う品質管理部門）の仕事であるという認識が強くあります。また統計手法が高度に発達するにつれて欧米では、品質管理それ自体が、不良品の予防ではなく高度な検査技法に限

定された狭い意味合いで捉えられるようになっていきました。

　それに対し、品質管理は専門スタッフだけの仕事ではなく、現場の作業者を含めた**全従業員が取り組むべきものである**という考え方が日本では広まっていきます。その理由には諸説あるようですが、1つには戦後の急激な高度経済成長のなかで、専門スタッフによる品質管理だけでは市場からの品質向上要求に対応しきれなかったという背景もあったようです。そのため、現場の作業員自らも品質管理者の役割を担うというやり方が必然的に生まれ、根づいていったのかもしれません。

　それとともに、品質管理は検査だけに頼るのではなく、生産現場で不良品そのものが発生しないように工夫して予防すること（後述するように、これを**品質のつくり込み**と言います）が重視されました。

　こうして、現状の工程能力と一定の不良発生率を前提に、検査の最適化をめざす欧米的な品質管理とは異なり、**工程能力そのものを向上させる**ことによって高品質（究極には良品率100％）を実現するというアプローチを日本企業の多くがとるようになっていきます。そのことが持つ経済合理性については、**図表3-4**で説明したとおりです。

　こうした日本的な品質管理手法は、全社一丸となって品質向上に取り組むという意味でＴＱＣ（Total Quality Control：**全社的品質管理**）と呼ばれます[32]。

Column　本田宗一郎と品質管理

　日本を代表する企業家の1人に、本田技研工業（ホンダ）を1代で築き上げ世界的なメーカーへと躍進させた本田宗一郎（1906-1991年）がいます。同社の社史のなかに、品質管理に関して次のようなエピソードが書かれています[33]。

　1950年代半ば、ちょうど日本に統計的品質管理が伝わってきたころ、ホンダのある社員が、セミナーで勉強した抜き取り検査の手法について本田宗一郎に説明を行ないました。

　「もちろん、抜き取り検査ですから、千に1つ、いや、万に1つ

の目こぼしがあるのは、これは仕方がありません。もし不良品が外に出てしまったとしても、ごめんなさいで済ませた方が、全数検査するよりずっと経済的なのです」

これを聞いた宗一郎は、「そんなのが品質管理だったら、今すぐやめろ！　全部やめろ！」と烈火のごとく怒ります。そして、社員に部屋の外を見るように促すと、ホンダのオートバイに乗る若者の姿があり、次のように言ったそうです。

　「あの連中はな、おれたちより実入りは少ないけど、乏しい中から月賦でドリーム（筆者注：当時のホンダのオートバイの車名）を買ってくれているんだ。おれたちは、ああいう若者たちからもらうお金を積み重ねて、工場を経営したり部品を買ったりしてるんだ。おまえは千台に1台ならいいと言うけど、あの若者にとっちゃ1台の中の1台よ。100％の不良品よ。いいと思うか？」

それに何も返せなかった社員は、「この人は統計なんて知らないけれど、企業にとっての品質管理の神髄をついている」と思ったそうです。

もちろん、この逸話だけから日本にＴＱＣが広まっていったことの傍証にはなりません。しかし、本田宗一郎のような慧眼を持った経営者が、戦後日本の高品質なものづくりの礎を築いていったという事実を忘れてはならないでしょう。彼のものづくりに対する考え方は「製品が優れているということは、つまり、客にとって使いやすいかどうか、役に立つか、それが全てであり、だからこそ常に最高で最良の製品を作らなければならない」[34]というものでした。

ものづくりのすべての起点が顧客にあったのです。

3-4 品質改善の考え方
不良を根本から断つ

▶ 品質のつくり込みと５Ｓ

● 品質のつくり込み

　次に、日本的なＴＱＣにおける不良予防の概念と、それを実現するための具体的な手法について解説していきます。

　生産現場において、検査に頼るのではなく、それ以前に不良そのものを出さないようにする活動全般のことを**品質のつくり込み**と呼びます。製品の生産に直接従事している作業員自らが、つくりながら品質を自主確認し、**不良品を次の工程（後工程）へは流さない**という意識を持つことがつくり込みの基本です。そして、作業途中に不良品を発見したり、作業ミスが起こりそうな場合、作業が遅れそうなときには、動いている**生産ラインを止める**ことが求められます。

　例えば、トヨタ自動車の完成車組立工場の生産ラインには、現場で作業者が何か異常を発見した場合に、頭上にある紐を引っ張り、そのことを音とランプで周りに知らせるためのスイッチ（「紐スイッチ」と呼ばれます）が設置されています。知らせを受けるとライン監督者がその場に駆けつけ、作業者とともに問題解決にあたり、その解決に時間がかかりそうなときにはラインを止めます。このように**「不良品は現行犯で捕まえる」**というのがＴＱＣの基本原則です。

　これに関して欧米企業の生産現場では、ラインを監督する人間と作業従事者との間に明確な役割区分（厳格な分業体制）があるため、現場作業者にはラインをストップさせる権限が与えられていないのが通例です。このことも、全社一丸となったＴＱＣが欧米ではなかなか広まらない理由の１つだと言われています[35]。

● 5Sの徹底

　不良品などの異常を生産現場で確実に発見するためには、作業環境が重要になります。適切な環境を保つためには、次の5つの習慣を守ることが大切です。それぞれの用語のローマ字の頭文字をとって5S（ごえす）と呼ばれます[36]。

- **整理**：生産現場に不要なものは、そこから取り除いておく
- **整頓**：作業に必要な工具などをいつでも取り出せるようにしておく
- **清掃**：常に掃除しゴミを捨てておく
- **清潔**：整理・整頓・清掃の3つの状態を常に維持する
- **躾**（しつけ）：以上の慣習に対して各自が責任を持ち確実に実行する

　見ればわかるように、じつに当たり前のことです。しかし、よいものづくりにおいて大切なことは、当たり前のことを確実に実行する力です。5Sを通じて生産現場を常に清潔で整理された状態に保ち、それによって品質不良につながる問題を浮き立たせるのです[37]。乱雑で汚れた現場では、不良を発見することはできません。このように、現場で何か問題が起きたらすぐに発見できるようにする取り組み全般を、**問題の見える化**と言います。先述したトヨタの紐スイッチも、問題の見える化を促すための仕組みです。

　ここで忘れてはならないのは、なぜ5Sが大切なのか、5Sを徹底することの意義はどこにあるのかということを、ものづくりに関わる全従業員がしっかりと理解したうえで実行することです。**5Sの実行は、あくまでも手段であって目的ではありません。**言うまでもなく、目的は品質のよい製品をつくること、究極的には不良品ゼロをめざすことです。

▶ 不良を防止する

　言うまでもなく、生産ライン内で不良品を見つけるだけでは意味がありません。TQCの本質は、不良の発生そのものを防止し、なぜ不良品が発

生したのかという根本原因を突き止めて対策を講じることです。次に、そのための基本手法と背後にある考え方を紹介します。

● 自働化とポカヨケ

　現在、自動車や家電製品などの組立工場では様々な機械が導入されています。今後、生産現場でどこまで自動化（オートメーション化）が進むのか、究極的には「生産作業に人間が必要なくなるのか？」といった議論がありますが、あくまでもケース・バイ・ケースで考えるべきでしょう。産業、企業、製品、工程などの違いによって、機械を使うのか人に頼るのかという線引きと判断基準は異なってきます[38]。

　ただし、日本的なＴＱＣの考え方からすると、機械を生産現場に導入する場合に重視されるのは、そこに必ず人間の知恵を入れるということです。あくまでも機械は人間の補助的な役割であって、決して機械が人間に先行しないという考え方がベースにあります。トヨタ自動車では、そうした思想を通常の自動化とは区別して、**ニンベンのある自働化**と呼んでいます。

　自働化の基本は、機械が作業中に不良品が出たことを感知すると自動的に止まる機能を入れることです。不良品が出たらそれをはね出すのではなくて機械を止め、それによって不良品が出たということを現場に周知し、人間に品質問題の解決と工夫を促すのです[39]。

　また、人が作業をしているときに通常とは異なる動きをした場合（間違った部品を取り付けようとしたときなど）には、機械そのものが動き出さないような仕組みを入れることも不良予防には有効です（**ポカヨケ**と呼びます）。

● 「なぜ」を繰り返して真因を発見する

　以上のようにして生産現場で不良が発見されたら、次に必要なことは「なぜ不良品が出たのか？」「なぜ異常が発生したのか？」という原因を探り、解決策（再発防止策）を講じることです。そのために有効な手段が、**「なぜ」を繰り返す**ことだと言われています。かつてトヨタ自動車で副社長を務め、トヨタのものづくりを指揮した大野耐一（1912-1990年）の著書には、あ

る機械が停止したときの原因を探るケースが紹介されています[40]。

- なぜ機械が止まったのか？
   →機械に負荷がかかってヒューズが飛んだから
- なぜ負荷がかかったのか？
   →軸受部の潤滑油不足で過負荷が生じたから
- なぜ潤滑油不足が起きたのか？
   →潤滑ポンプが正常に作動していなかったから
- なぜ潤滑ポンプが正常に作動していなかったのか？
   →ポンプの部品が摩耗していたから
- なぜポンプの部品が摩耗していたのか？
   →ポンプに金属粉が入っていたから

ここまで原因を遡ってはじめて「機械に濾過ポンプをつけて金属粉の侵入を防ぐ」という真の解決案にたどり着くことができます。現象の表面だけを見るのではなく、「なぜ」を繰り返すことによって問題の根本原因を突き止め、1つずつ解決策を積み重ねていくことが品質の向上には何よりも大切です。

こうした活動の総称が**改善**です。今では外国の生産現場に行っても「Ｋａｉｚｅｎ」で通用します。

● ＱＣサークル

生産現場での改善を促すために日本企業で数多く取り入れられている仕組みが、**ＱＣ（Quality Control）サークル**と呼ばれるものです（**小集団活動**とも呼ばれます）。これは、同じ職場内で10人前後のグループをつくり、品質を向上させるために行なう自主的な活動の総称です[41]。トップの指示によるものではなく、**現場発信**でボトムアップ的に行なう品質改善活動というのが大きな特徴です。ＱＣサークルを通じて現場の作業員から出される各種改善案のことを**提案**と呼びます。

ただし、従業員が自主的に行なうと言っても、これを業務に含めるのか

どうかという点では議論が分かれており、最近では業務活動の一環として組み入れる動きが強いようです。いずれにせよ、大切なのは5Sと同じように、このような活動を行なうことの意味を従業員がしっかりと理解するということです。形だけの目的なきQCサークルでは、効果的な改善にはつながりません。

- **QC7つ道具**

現場の従業員が参加するTQCでは、高度な統計手法に頼らない、誰にでも理解できる品質管理の方法でないといけません。そのためによく使われるのが、**QC7つ道具**と呼ばれる以下のような管理ツールです。

① **特性要因図**：不良発生の原因を、**図表3-5**のような絵を描いて整理します。魚の骨を模していることから、「フィッシュボーンチャート」とも呼ばれます。これにより、不良発生の原因と結果の関係がわかりやすくなります。

② **パレート図**：キズや凹みといった不良項目の発生数を、頻度の多い順に棒グラフと折れ線グラフで示します（**図表3-6**）。何を最重要課題として品質改善に取り組めばいいのかの目安になります。

■ **図表3-5　特性要因図**

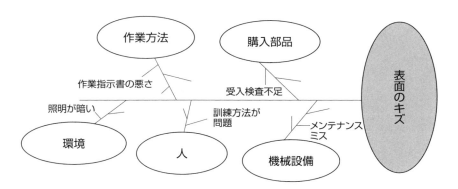

③**ヒストグラム**：公差の上限と下限を軸に、測定した長さや重さなどの度数の分布を棒の面積で表した図です（**図表３-７**）。これを見れば、品質

■**図表３-６　パレート図**

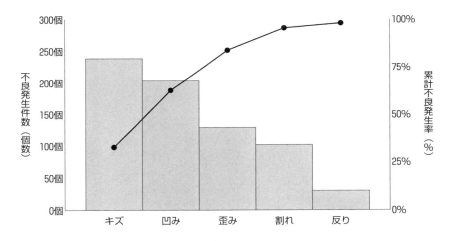

■**図表３-７　ヒストグラム**

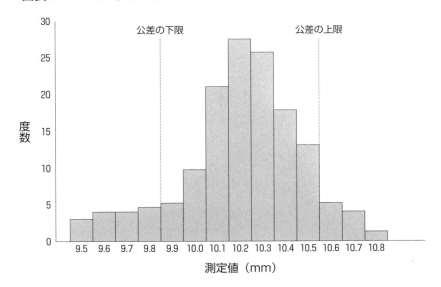

■図表3-8　チェックシート

2016年9月13日（火）		13:00〜17:00					
品番	担当者	キズ	凹み	歪み	割れ	反り	合計
T01	○○○	///		///			6
T02	※※※	/	//			/	4
W01	△△△		/	///			4
W02	△△△	/		/			2
W03	◇◇◇			/	/	/	3

のばらつきがひと目でわかります。綺麗な山状のグラフになっているのが、理想的です。

④**チェックシート**：不良がいつどこで発生したのかを、その内容とともに整理した図です（**図表3-8**）。現場の状況を一目で把握するのに役立ちます。

⑤**管理図**：寸法などの特定の項目が、安定した操業下での品質範囲内に収まっているかを示した図です（**図表3-9**）。現場でしっかりと管理できている状態にあるかどうかを判断できる指標になります。

⑥**散布図**：プレス圧力と強度といった2つの関係するデータをX軸とY軸上にとり、両者の相関があるかどうかを見るための図です（**図表3-10**）。点のばらつきが、右肩上がりであれば正の関係があり（プレス圧力が高ければ、強度が上がる）、右肩下がりであれば負の関係（圧力が高いと強度が下がる）にあります。平面に点在していれば、相関なしです。

⑦**層別**：集めたデータを、不良発生の時間別や、作業者別、加工機械別などの切り口で分類することです。これにより、不良発生の原因を探りやすくなります。ヒストグラムや管理図などと併用して使うと効果的です。

■ 図表3-9　管理図

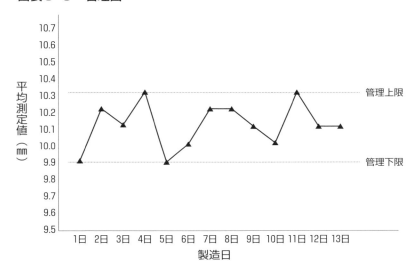

■ 図表3-10　散布図

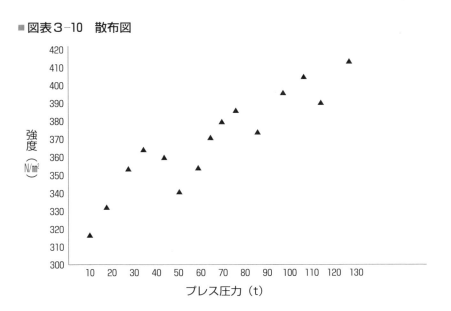

▶ 標準なきところに改善なし

　最後に、**標準化**の重要性について改めて触れておきます。前章で説明したように、テイラーの科学的管理法とフォード・システムの要諦は作業手順と道具の**徹底した標準化**にありました。それは品質改善においても同じです。

　ＴＱＣの基本サイクルは、不良につながる問題発見→原因追求→問題解決→改善→不良削減ですが、まずは**正常と異常の区別**がなされていないと何が問題なのかがわかりません。この場合の正常値を定めるのが標準化です。現場作業であれば、標準化された作業内容（標準作業）から外れたことを行なうと、それが異常になります。

　それと同時に大切なのが、**標準の改訂**です。ある時点の環境下において最も効率がよいと考えられる手順とやり方を定めたものが標準作業です。しかし、常に環境は変わります。未来永劫ベストな標準というものは決してあり得ません。したがって、標準作業そのものを変えたほうが品質向上につながると判断した時点で、それをよりよいものへと改訂する必要があります。

　このように「**標準なきところに改善なし**」というのが、品質管理（広く言えば生産管理）の基本中の基本です。まずは、しっかりとした標準を定めてそれを**厳守**することが何よりも大切です。５Ｓの徹底というのも、言い換えれば標準環境の堅持に他なりません。そのうえで問題が発見され、改善が必要ならば標準を適宜改訂していくという繰り返しが品質向上を生み出します。この一連の流れのことを、**Plan**（計画／標準）→ **Do**（実行）→ **Check**（検証）→ **Action**（改善）の頭文字をとって**ＰＤＣＡサイクル**と呼びます（**図表３-11**）。ＰＤＣＡは、品質管理にとどまらず経営活動全般に対しても適用できる普遍的な考え方です。

　このように、日本的なＴＱＣだからと言って、徹底した標準化をベースとする科学的管理法やフォード・システムの思想（「テイラリズム」や「フォーディズム」などと呼ばれます）を否定しているわけではなく、むしろ、その正常進化形だと言えます。

■ 図表3-11　PDCAサイクル

　繰り返しになりますが、生産管理に限らず、すべての経営活動の基本は標準化にあります。しかし、徹底した標準化は、ときにマニュアル主義とも評され、世間では融通の利かないお役所仕事のように忌み嫌われる傾向が見られますが、標準という強い足腰が備わっているからこそ、そこから進化や創造が生まれるのです。ただし、標準化にも「よい標準化」と「悪い標準化」があるということです。現状にいつまでも拘泥した標準化は、悪しき標準化です。今よりもよいやり方が見つかったならば適宜改訂し、新たな標準につくり変えるというのがよい標準化です[42]。それを忘れてはなりません。

> **Column　デミング賞とＩＳＯ認定**
>
> 　優れた品質管理を行なっていると認定された企業や生産現場等に対して与えられる表彰の1つに**デミング賞**というものがあります。戦後の日本に統計的品質管理の手法を広めた人物の1人に、アメリカ人のＷ・エドワーズ・デミング（1900-1993年）がいました。そのデミングの功績を讃えて、日本科学技術連盟が1951年に制定したのがデミング賞です。

また、国際的な規格団体のＩＳＯ（International Organization for Standardization：国際標準化機構）が定める品質管理システムがＩＳＯ9000シリーズと呼ばれるものです。これは、組織内でルール化（体系化・明文化）された品質管理システムを持っている企業や団体に対して、第三者機関による審査・認証が行なわれるものです。

　デミング賞の受賞やＩＳＯ認定を受けている企業は、それらが顧客に対して「品質管理をしっかりと実行する仕組みを持っています」という証明書代わりになりますので、初めての企業と取引を行なう際などには有利に働くこともあります。たとえるなら、個々人の英語の能力を指標化して対外的に示す英検（実用英語技能検定）やＴＯＥＦＬ（Test of English as a Foreign Language）のようなものだと考えるとわかりやすいでしょう。

第3章のポイント

- ✓ 品質の良し悪しを最終的に判断するのは、消費者である。
- ✓ 品質の概念は、設計品質と製造品質に分けられる。
- ✓ 伝統的な品質管理手法において、品質とコストはトレードオフの関係にあるとされる。
- ✓ それに対してＴＱＣ（全社的品質管理）では、品質向上とコスト低下の両立をめざす。
- ✓ 検査よりも予防を重視するのが、ＴＱＣの考え方のベースにある。
- ✓ 不良予防の基本は、工程内での品質のつくり込みである。
- ✓ 守るべき標準があってこその改善である。

第4章

コスト管理

　本章では、ものづくりにおけるコスト管理の基本について学びます。広く言えば、企業経営それ自体がコストとの戦いです。消費者にどれだけ喜ばれる素晴らしい製品をつくっていても、必要なコストを抑えて利益を創出できなければ競争力のある企業とは言えません。では、どのようにしてコストを把握し、それを低減していけばよいのでしょうか[43]。

4-1 製造原価の把握
原価計算の基本

▶製品原価と価格

　企業が製品の価格を決定する際には、製品を1個生産するのにコスト（費用）がどれだけかかるのかを把握する必要があります。工場での生産に必要な費用のことを**製造原価**と言います。製造原価や企業内の各部門で発生した費用を求めるのが原価計算です。

　製造原価を構成している費用項目は主に、材料費（購入部品や材料代）、労務費（作業員に支払う賃金や工場事務員への給料）、経費（減価償却費、水道光熱費、工場の賃借料など）です。

　これらの費用はその性質によって、以下のように分類できます。

● 変動費と固定費　──　操業度による分類

　変動費というのは、工場の操業度（生産量や操業時間）に連動して増減する費用のことです。材料費や、歩合給・時間給で支払っている人件費などがこれにあたります。自動車やエレクトロニクス製品は、製造原価の70％以上を材料費が占めると言われています。

　これに対して、生産量の多少に関係なく一定して発生する費用が**固定費**です。生産設備の減価償却費や、固定給で支払っている場合の人件費、工場の土地の賃貸料、損害保険料などです。

　ここで、**減価償却**という概念について少し説明しておきましょう。減価償却とは、高額な生産設備などを購入した際に、その費用を法律で定められた年数（法定耐用年数と言います）に分け、減価償却費として一定額を数年にわたって毎年計上していく手続きのことです（この減価償却の方法を**定額法**と言います）[44]。したがって、減価償却費は固定費に分類されます。

なぜ複数年に分けて費用計上するのかと言えば、設備を取得した年にのみ計上すると、2年目以降の計上額がゼロになるため、いきなり製造原価が下がるという現象が起きてしまうからです。このような不都合を避けるために減価償却という手続きがとられます。

● **直接費と間接費** ── 製品との関連性による分類

変動費・固定費の区分とは別に、生産する特定の製品との関連性が明確な材料費や人件費などの費用を**直接費**、生産を行なうためには必要でも個々の製品とは直接の結びつきが見えにくい設備の減価償却費、工場事務員の給料や水道光熱費などの経費は**間接費**と呼んで区別します。

変動費と固定費も、それぞれ直接費と間接費に分けることができます。ただし、変動費の多くを占めるのが材料費や外注加工費（他の企業への生産委託費）であり、変動費は多分に直接費的な性格を持っています。間接費と固定費に関しても、どちらも個々の製品との直接の関連性が薄いことが多いという点で、両者は同じような特徴を持っています。こうしたことから実務の現場では、概して変動費≒直接費、固定費≒間接費と捉えられることが多いと言えます。もちろん厳密には（会計学的には）異なりますが、説明と理解を容易にするため、本書でもそれらはほぼ同じものとして取り扱いたいと思います。

上記の区分をベースにして製造原価の構成を大きく分類すると、**直接材料費**、**直接労務費**、**製造間接費**になります。製品の販売価格から製造原価を引いたものが、**粗利益**（以下では、単純に「利益」と表します）です。製造原価に組み込まれる費用の他に、ものづくりには広告宣伝費、物流費、販売員の給料、本社事務部門の人件費、研究開発費（第7章）なども必要です。これらはまとめて**営業費**（あるいは「販売費及び一般管理費」）と呼ばれます。製造原価に営業費を足したものが**総原価**です。販売価格から総原価を引くと**営業利益**が計算できます（**図表4-1**）。

このような分類をベースに、企業全体の費用と収益の関係を表したものが、会計報告のために作成する**損益計算書**（P／L：Profit and Loss statement）になります。

■ 図表4-1　製品の価格と原価

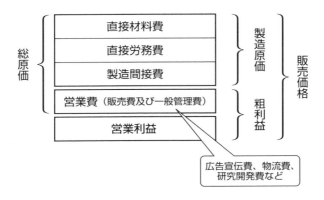

標準原価計算によるコスト管理

　次に、具体的な原価管理の手法について見ていきます。最も一般的な方法が、**標準原価計算**（Standard Costing）にもとづく原価の把握と管理です。標準という名称がついていることからもわかるように、ものづくりのなかに標準化の概念を定着させたテイラーの科学的管理法から生まれたものです。アメリカでは、1920年代にすでに定着していたと言われます。

　これは、過去の実績と生産現場の実力などを勘案し、標準的な操業条件のもとで生産を行なったときに、単位あたり製造原価（これを**原価標準**と言います）がどれくらいになるのかを事前に設定しておき、それをベースにコスト改善をめざす原価管理手法です。

　原価標準を設定した後に実際の生産活動を行ない、現実の生産に要した費用から改めて原価（**実際原価**）を算出します。そして、標準原価（原価標準に実際の生産量を掛け合わせたもの）と実際原価に差（**原価差異**）が生じた場合には、その原因を探って是正作業を行ない、コスト改善へつなげるのです。

　原価差異が出る主な原因には、材料費の予期せぬ高騰、製品設計の変更、標準作業時間の設定ミス、作業員の欠勤やストライキ、設備故障による操

業停止などがあります。

● 実際原価の求め方

次に簡単なケースを使って、実際原価を求めるための代表的な手法を見ていきましょう。

今、製品Aを月に2,000個生産している工場があるとし、直接費と製造間接費の内訳は、以下のようになっています。

> ☆**製品Aを1ヶ月間に2,000個生産**
> 〈直接費〉
> - 製品1個あたりの直接材料費：300円
> - 製品を1個生産するごとに作業員に支払う直接労務費：50円
>   合計：350円
> 〈製造間接費〉
> - 1ヶ月間に要した設備減価償却費、土地賃貸料、保険代など：10万円

この場合、製造原価を算出する際に問題となるのが、製造間接費の10万円をどのような基準で製品1個あたりの原価のなかに割り振るのかという点です。これを**間接費の配賦**と言います。

先述したように、間接費というのは特定の製品との関連性が見えにくい費用のことです。しかし、個々の製品の製造原価を導き出すためには、それらの費用を原価のなかに反映させる必要があります。通常は、生産量や設備の稼働時間、作業員の労働時間などに応じて割り振っていきます。今回は、生産量を配賦の基準とします。そうすると、製品1個あたりの間接費は10万円÷2,000個＝50円ですから、直接費350円＋間接費50円＝400円が製品1個あたりの実際原価になります。

全部原価計算の欠点

● 間接費の配賦という問題

　以上のような実際原価の算出方法は、製品の生産に必要な直接費と間接費をすべて考慮したうえで製造原価を求めることから**全部原価計算**（Full Costing）とも呼ばれます。しかし、全部原価計算を行なう際には注意点があります。それは、**間接費の配賦**にまつわることです。

　上記の例では、製品Aのみをつくっていると想定していましたが、企業は通常、同じ工場で複数の種類の製品を生産しています。ここで製品Bも同時に生産していると仮定すると、その工場の間接費10万円をどのような基準で2つの製品間に配分すればよいのでしょうか。例えば、製品AとBが生産設備を共有している場合には、設備の取得で生じた減価償却費を2つの製品間で正確に切り分けるのは難しいということがわかると思います。工場の電気代や各種保険料等の経費に関しても同様です。この問題をめぐって、会計学ではこれまで様々な配賦基準と方法が考えられ、その精緻化が試みられてきました。その背景には、近年になって生産の自動化技術が進み製造原価における間接費の比率が大きくなったこと、競争の激化によって製品の多品種化が進み、間接費の切り分けがますます難しくなったことなどが挙げられます。

　そこで1980年代以降、間接費の配賦精度の向上を目的とした原価計算手法がいくつか考え出されました。その1つが、**活動基準原価計算**（Activity Based Costing：通称ＡＢＣ）です。間接費を発生させる様々な活動を細かく分類し（例えば、製品ごとに設備の稼働時間を計測する）、それぞれの費用を従来の全部原価計算よりも精度よく製品ごとに配賦していこうとするものです。しかしながら、配賦基準をどれだけ厳格にしたとしても、100％正確な間接費配賦を行なうことはやはり難しいというのが実情です。

● 過剰生産の誘発問題

　全部原価計算が持っているもう1つの問題は、過剰生産を誘発しやすいということです。そのことを、先の製品Aのケースを使って説明しましょ

う。

　今、ある月に2,000個生産したが、1,800個しか売れなかったと仮定します。製品の販売価格が1個850円だとすると、その際の利益（粗利益）を求めてみます。

> ☆製品Aを1ヶ月間に2,000個生産して、1,800個を販売
> - 製品価格：850円
> - 1ヶ月の売上：850円×1,800個＝153万円
> - 1個あたり製造原価：400円
> ⇒153万円－400円×1,800個＝**利益81万円**

　次に、生産量を1ヶ月に2,500個まで増やしたとします。しかし、販売個数は1,800個のままでした。この場合、製品1個あたり間接費は、10万円÷2,500個＝40円になります。したがって製造原価は、直接費350円＋間接費40円＝390円です。そこで同じように利益を計算すると、以下のようになります。

> ☆製品Aを1ヶ月間に2,500個生産して、1,800個を販売
> - 製品価格：850円
> - 1ヶ月の売上：850円×1,800個＝153万円
> - 1個あたり製造原価：390円
> ⇒153万円－390円×1,800個＝**利益82万8,000円**

　このように生産量を増加させれば、売れた製品の量（1,800個）は同じでも、利益が1万8,000円増えてしまうのです。つまり、売れても売れなくても帳簿上では利益が増加しているように見えるのです。この場合、以下のような問題が生じます。

● 製品在庫の問題

　今回のケースでは、2,000個生産のときには売れ残りが200個、同様に

2,500個生産のときには700個あり、それらは**在庫**として倉庫や店頭に残っています。製品在庫が存在するということは、現金を支出してモノをつくったのにもかかわらず、まだお金を回収できていないという状態です。在庫には、倉庫代や管理するための様々な費用も生じます。したがって、在庫が必要以上に積み上がっていると、帳簿上では儲かっていても資金繰りは悪化していたということも起こりえます[45]。全部原価計算には、このような問題を把握しにくいという欠点があるのです。

スループット会計

　全部原価計算が抱える、上記のような問題点を解決するために考え出されたコスト管理手法が**スループット会計**（Throughput Accounting）です。
　すでに指摘したように、全部原価計算における間接費の配賦精度の向上には限界があり、また在庫が積み上がっていても帳簿上では利益が増えているように見えてしまいます。こうした問題を避けるため、スループット会計では、**間接費の配賦そのものを行なわず**、製品1個あたりの利益は、実際の収入（販売価格）と、確実に把握できる支出の直接材料費との差（この差額のことを**スループット**と呼びます）のみで把握します。当該期間中に生じた直接材料費以外の費用（直接労務費と製造間接費）は、まとめて**業務費用**として計上し、それを期間全体のスループットから減じて最終的な利益を算出します。
　スループット会計を使って、同じケースをもとに利益を計算すると次のようになります。

- 販売数：1,800個
- 製品価格：850円
- 1個あたり直接材料費：300円
- 1個あたりスループット：850円−300円＝550円
- 業務費用：直接労務費9万円（50円×1,800個）＋製造間接費10万円＝19万円

> ⇒1,800個×550円（1ヶ月全体のスループット）－19万円（業務費用）＝**利益80万円**

　スループット会計を用いる場合、利益を増やすためには、**売上（販売個数）そのものを増やす**か、直接労務費などの**業務費用を減らす**しかありません。ですから、過剰生産と在庫の問題を回避でき、業務効率改善（後述する**生産性向上**）のインセンティブにもつながります。このようにスループット会計を用いることのメリットは、必然的に**費用低減**（コスト改善）を促す点にあります。

4-2 CVP分析
損益分岐点を把握する

▶ CVP分析とは

　ここまで、ものづくりのコストと利益をどのように把握するのかということについて解説してきました。次に紹介するのは、利益と売上との関係を把握し管理するための基本手法、**CVP分析**です。Cost（費用）、Volume（操業度）、Profit（利益）の頭文字をとってそのように呼ばれます。

　CVP分析は、現在の自社のものづくり能力からすると、どれだけの売上をあげれば、どれくらいの利益を獲得できるのかということを端的に教えてくれるものです。

■ 図表4-2　損益分岐点の把握

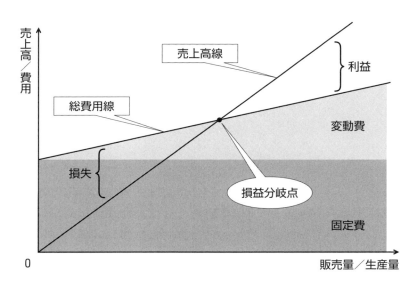

繰り返しになりますが、ものづくりの費用は変動費と固定費に分かれます。総費用と売上高との関係を示したのが**図表4-2**です。売上高線と総費用線が交差している点は収入と支出額が同じということですから、このときは損失と利益が共にゼロです。この点のことを**損益分岐点**（break-even point）と呼びます。つまり、生産量が損益分岐点よりも下回れば赤字に、上回れば利益が確保できるということになります。

原価計算で用いたケースを使って、損益分岐点の生産量の値（X個）をCVP分析で求めてみましょう。なお、先述したようにここでは、直接費≒変動費、間接費≒固定費と捉えています。また、生産したものはすべて売れる（在庫ゼロ）と仮定します。

- 製品1個の販売価格：850円
- 製品1個あたりの変動費：350円
- 固定費：10万円
- 売上高：850X円

損益分岐点のときには利益がゼロですから、次のような公式が成り立ちます。

- 売上高－変動費－固定費＝0

これに上記の値を代入します。

- 850X円－350X円－10万円＝0

Xの値を求めると200になりますので、この工場が利益を出すためには毎月最低200個の生産量の維持が必要、つまり損益分岐点のときの生産量は200個ということになります。

損益分岐点比率は低いほうがよい

現在の売上に対して、損益分岐点の生産量（売上）がどれだけ占めているのかという指標を**損益分岐点比率**と言います。上記の工場の月間売上が500個だとすると、200個÷500個×100＝40％が損益分岐点比率です。この比率の値が低ければ低いほど、ライバルとの競争上は有利になります。

損益分岐点比率が40％だと、景気の悪化等により生産量が200個を下回ると赤字になってしまいますが、分岐点比率を35％に引き下げることができれば、175個（500個×35％）まで生産量が低下しても黒字を保てます。つまり、同じような品質と価格の製品同士で競争している場合、損益分岐点比率の低い企業のほうが市況の変化に対して強い収益構造を持っていると言えます。

では、どのようにすれば損益分岐点比率を引き下げることができるのでしょうか。それには大きく３つの方法があります。

● 売上高を伸ばすか、価格を上げる

月あたりの売上高（売上数量）が拡大すれば、それだけ損益分岐点比率が下がっていきます。もしくは、製品の価格そのものを引き上げて売上高線の傾きを大きくしても損益分岐点比率が下がります。しかし、これは容易ではありません。売上や価格設定というのは、競争相手との関係も絡みますし、特に量産が始まった後では生産現場側の工夫と努力だけではどうにもならない側面があります。価格決定権は通常、生産現場にはなく、開発時点で決まります。そこで、次の２つが重要になります。

● 固定費を削減する

固定費を削減できれば、総費用線を下に引き下げることになりますので、損益分岐点比率が低下します。そのためには様々なやり方がありますが、代表的なものとして、本社などの間接部門の人員を減らす、生産設備の有効活用（後述する設備生産性向上）、保険料等の経費の見直しなどが挙げられます。自社内で行なっていた生産工程の一部を外部の企業に委託して

設備維持費などを削減するのも1つのやり方です。これは、**アウトソーシング**（outsourcing）と呼ばれる手法です。

● **製品1個あたりの変動費を下げる**

　最後が、製品1個あたりに要する変動費を下げることです。そうすれば総費用線の傾きが緩やかになり、損益分岐点比率が下がります。変動費の大部分を材料費と労務費が占めますので、材料費を抑えて、同時に人の作業効率を上げていくということが変動費削減の鍵を握ります。言い換えると、いかに少ない投入費用（コスト）で可能な限り多くの製品と利益を生み出す工夫を生産現場で日々行なうのかということです。

　このような地道な**コスト改善活動**が日本製造業の国際競争力の源泉となってきました。それでは次に、改善の具体的な中身と方法について見ていきましょう。

4-3 生産性の向上と改善活動
稼働分析とムダの削減

▶生産性の概念

　ものづくりに必要な要素の投入量（インプット）と産出量（アウトプット）の比率のことを**生産性**と言います。アウトプット÷インプットで表すことも、逆にインプット÷アウトプットで計算することもあります。例えば、同一の製品をつくっているA工場とB工場を比べたとき、両工場とも操業時間は同じなのに、生産数量がA工場のほうが多いときには、B工場より生産性が高いということを意味しています。

　また量の単位として、上記のように物量（生産数量や操業時間）を用いることもあれば、金額を使用することもあります[46]。いずれにせよ、生産性の比較をするときには、分母・分子の要素とその単位を一致させなければなりません。

▶生産性の3指標

　投入する要素（インプットの種類）は、大きく「設備」と「原材料」と「労働力」に分けられます。それぞれに対応して生産性も、**設備生産性**、**原材料生産性**、**労働生産性**の3つの指標に分類できます。

　生産設備がどれだけ有効活用されているのかというのを示すのが、設備生産性です。物量単位で求めるときには、例えば一定期間内での機械1台あたりの製品産出高の比率で表せられます。金額で見るときには、設備投資額に対する創出利益の比率などで表し、これが高まれば固定費削減に寄与します。

　設備生産性は、自動化（オートメーション化）の問題とも関連します。

例えば、欧米の自動車メーカーでは、人間による既存の作業を単純に機械に置き換え、設備そのものは外部から調達して、大量生産による量産効果（規模の経済）を狙うといった大掛かりな自動化を行なう傾向があり、特に1980年代には強かったと言われます。

それに対してトヨタをはじめとする日本の自動車メーカーでは、投資のかさむ大規模な自動化を一気に図ることはせずに、コストに対する導入効果を冷静に勘案しながら、ときには自前の設備を開発し、設備改善を軸にして現場の労働力との柔軟な融合を図ってきました。こうして欧米の自動車メーカーと比較すると低い自動化率（低い設備投資費）にもかかわらず、結果として高い生産性を誇ってきたと言われます[47]。このあたりは、第3章で紹介したニンベンのある**自働化**の考え方にも通じます。

原材料生産性は、材料と完成品産出高の比率です。自動車やエレクトロニクス製品などの組立型産業の場合、必要となる部品・材料の数量は設計段階でほぼ決まると言われていますので（第6章と第7章参照）、以下では、3つ目の労働生産性の問題に絞って解説します。

▶ 労働生産性と工数

労働生産性を測る代表的な指標の1つに**工数**があります。工数とは、**製品1個あたりに要する延べ作業時間**を表したものです。式では、次のように表せます。

> • 工数＝延べ作業時間（インプット）÷生産量（アウトプット）

工数は、日常生活では聞き慣れない言葉だと思いますが、ものづくりの現場でよく使われる重要な指標ですので覚えておくといいでしょう。

今、次のような工場があると仮定します。

> • 年間生産量：100万個
> • 生産現場の作業員数：100人

- 1人あたり年間労働時間：1,000時間
- 作業員の時給：2,000円

　この場合、全作業員の能力が同じだと仮定すると、100人×1,000時間÷100万個＝0.1が、製品1個あたりの生産に要する延べ労働時間（工数）となり、**0.1人・時／個**というように表します。これに時給の2,000円を乗じれば、製品1個あたりの直接労務費（200円）が計算できます。工数が少ないほうが直接労務費は低くなりますから、つまり労働生産性が高いということです。

▶労働生産性の向上

　労働生産性を向上させる（工数を低減する）際のポイントはどこにあるのでしょうか。読者の皆さんが頭のなかで生産現場のイメージを描きながら理解できるよう、現実的なケースを使って見ていきましょう。

● 生産工程の把握

　デジタル腕時計をつくっている工場があるとします[48]。この工場では、腕時計を構成している主要部品（外装ケース、電子基板、電池、液晶パネル、バンド）は、すべて外部から購入しています。
　腕時計の生産工程（生産ライン）は、時計本体をつくる第1工程（ケースのなかに電子基板と電池と液晶パネルを組み込む工程）と、でき上がった本体に金属のバンドを取り付ける第2工程の2つからなっています（**図表4-3**）。

● 作業内容の分析

　作業者は、第1工程に4人、第2工程には3人が配置されています。そして第1工程の1回の作業（時計本体の製作）には1分、第2工程の作業（バンド取り付け）には2分が、それぞれ設定されているとします。1つの工程の作業に必要なこれらの時間のことを**サイクルタイム**と言います。

■図表4-3　腕時計の生産工程

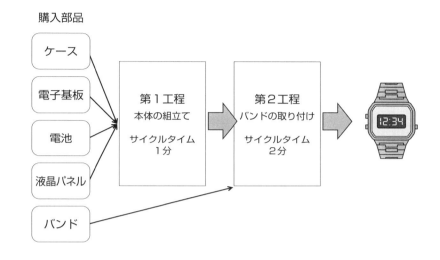

所定の技能訓練を受けた人が作業を行なったときに要する**標準作業時間**がベースとなります。

　労働生産性の向上をめざすには、各工程のサイクルタイムを構成している作業を観察し分類することから始めます。すると、第1工程では次のような作業が行なわれていました。

① 1人の作業者（部品供給係）が、時計本体の組み立てに必要な部品セット（本体のケース、電子基板、電池、液晶パネル）を生産ライン横にある部品棚から取り出し、それらを残り3人の作業者（組立係）に1セットずつわたします。
② 部品を受け取った3人の作業者は、それぞれが本体を組み立てます。したがって、各自が標準作業を守ると1分間に3個ずつ時計本体ができ上がる計算になります。
③ 完成した本体は、ベルトコンベアに載せられ第2工程へと送られます。

　これら一連の動作を観察すると、次のようなことがわかりました。部品

供給係の作業者が、本体の組立係3人それぞれに部品セットをわたすたびに部品棚との間を往復していたのです。この場合、供給係が一度に3個の部品セットを棚から取り出すように工夫すれば、往復回数を1回に減らすことができます。他にも、右手で使うはずの工具を左手で道具箱から取り出し、それを右手に持ち替えている組立作業者がいたりもしました。このような本来必要のない作業（**ムダな作業**）を、丁寧に観察して1つひとつ記録します。

● 7つのムダ

　トヨタ自動車では、生産工程に潜む様々な**ムダ**を以下の7つに分類しています。ムダというのは、言い換えれば必要のないコストです。

---

① **つくりすぎのムダ**：今必要のないものをつくるムダ
② **手待ちのムダ**：作業者が何もしないで待っていることのムダ
③ **運搬のムダ**：必要のない距離を運ぶことのムダ
④ **加工そのもののムダ**：必要のない加工を行なうことのムダ
⑤ **在庫のムダ**：部品、半完成品、完成品の余分な在庫を持つことのムダ（第5章）
⑥ **動作のムダ**：工具の持ち替えやムダな歩行など、作業のなかにあるムダ
⑦ **不良をつくるムダ**：不良品をつくることによって発生するムダ（第3章）

● 付加価値を生む作業が大切

　時計本体の組立作業では、作業者は、受け取った部品セットの包装（運搬中、部品に傷がつかないようにするためのもの）を解いてから、ケースのなかにその他の部品を組み込みます。この作業のなかで、部品の包装を解くという行為は必要な作業ですが、その作業自体が時計という新たな価値をつくり出しているわけではありません。このように、部品や材料に何らかの加工を施して新たに生み出す価値のことを**付加価値**と言います。わ

■ 図表4-4　稼働分析

```
┌─────────────────────────────────────────────┐
│     作業に割り当てられた時間（サイクルタイム）        │
└─────────────────────────────────────────────┘
┌──────────────┐  ┌──────────────────────────┐
│    ム ダ     │  │         作 業            │
└──────────────┘  └──────────────────────────┘
```

ムダ: Ex.手待ち、意味のない運搬、工具の持ちかえ、運搬の二度手間など　→削減が必要な部分

正味作業（付加価値を生む作業）　Ex.部品の取り付け、ネジ止めなど

付随作業（付加価値を生まない作業）　Ex.部品を取りにいく、部品の包装をとく　→この時間を短くする

生産性の向上には、この部分の占める比率を高めることが重要

れわれ消費者は基本的に、企業が生み出した付加価値に対してお金を支払っているわけです。モノの形や性質に何らかの変化が起きてはじめて付加価値が生まれます。

部品の包装を解くといった付加価値を生まない作業のことを**付随作業**、部品を組み合わせて本体をつくる（付加価値を生み出す）作業を**正味作業**と呼びます。

こうして一連の作業は「**ムダな作業**」「**正味作業**」「**付随作業**」の3つに分類することができます（**図表4-4**）。サイクルタイムを構成している作業内容を分析し、それぞれの比率を求めることを**稼働分析**と言います。稼働分析の基本は、実際に付加価値を生んでいる**正味作業**に注目することです。

● ムダの削減と正味作業時間比率の向上

稼働分析を終えたら、いよいよ生産性向上に向けた取り組みに移ります。前述のように労働生産性を測る指標が工数（製品1個をつくるのに要する延べ作業時間）ですから、工数を低減することが、生産性の向上に寄与し

ます。

　工数＝延べ作業時間÷生産量です。この式に**正味作業時間**を組み込んで展開すると次のように表せます。

$$
\text{工数} = \frac{\text{正味作業時間}}{\text{生産量}} \div \frac{\text{正味作業時間}}{\text{延べ作業時間}}
$$
$$
= \text{製品１個あたりに要する正味作業時間} \div \text{正味作業時間比率}
$$
$$
= \text{生産スピード} \div \text{作業効率}
$$

　この式の第１項の値を小さくし、第２項の値を大きくすれば、工数の値は下がります。第１項が表しているのは、**製品１個あたりの生産に要する正味作業時間**のことですから、言い換えると作業者の**生産スピード**です。この値を小さくするためには、個々の作業それ自体の物理的なスピードアップが必要になります。とはいえ、人間が行なうことですから作業スピードを無限に上げていくことはできません。もし作業員への負担が過度に増せば、労働強化にもつながりかねません。したがって、これには自ずと限界があります。

　そこで重要になるのが、第２項の値の増大です。第２項が表しているのは、**作業時間（サイクルタイム）のなかで正味作業時間が占めている比率**（作業効率）です。これを高めるためにまず行なうことは、ムダな作業の徹底した削減です。腕時計生産のケースで言えば、作業員の工具の持ち替え（動作のムダ）は止めさせます。また、工具の置き場が乱雑だと必要な工具をすぐに取り出すことができませんので、整理整頓を徹底します。つまり、第３章で紹介した５Ｓの活動が大切になります。

　部品供給係の部品棚との余分な往復もムダ（運搬のムダ）にあたります。あるいは部品棚の配置そのものを工夫して、組立係自らが部品を棚から直接取り出せるようにできれば、供給係自体が不要になります。このようにムダを削減することによって必要な人員を減らすことを、**省人化**と呼びます。

　同時に、作業には必要であるものの付加価値を生まない付随作業時間を

可能な限り短縮していく改善活動（例えば、作業者が解きやすくなるような部品包装に変える等）が必要です。その結果、正味作業にあてられる時間そのものを引き伸ばすことも可能です。そうなれば作業自体に余裕が生まれますから、品質の向上にもつながるでしょう。

以上のように、一連の作業のなかでムダな作業を徹底的に取り除き、付加価値を生んでいない作業時間の短縮を行なうことによって、**正味作業時間（付加価値を生んでいる時間）比率を上げていくこと**が生産性向上へとつながるのです[49]。決して、作業や機械のスピードを上げることだけが生産性の改善を促すわけではありません。

● 多能工の育成

工程ごとに配置された作業者が、複数の作業や自分の持ち場以外の工程の仕事も同時にこなせるようになることを**多能工化**と呼びます。今回のケースで言えば、第1工程（本体組立）と第2工程（バンド取り付け）の作業をどちらもこなせるような作業員（多能工）を育成することです[50]。多能工が増えれば、作業者同士がお互いの仕事を補完できるようになります。作業改善によってある工程の省人化を行ない、浮いた人員を人出の足りない別の工程に配置転換するといったことも可能です。

こうして作業改善と多能工をうまく組み合わせることによって、生産性の向上に結びつけられます。

● 標準作業の改訂とＰＤＣＡサイクル

作業改善を行なったら次になすべきことは、現場の作業員が守る**標準作業の改訂**です。改善内容を**標準作業票**と呼ばれる標準作業の内容が書かれた文書のなかに逐次反映させていきます（**図表４-５**）。そうすれば、さらなる改善が新たに始まります。これは、前章の品質改善プロセスでも説明した**ＰＤＣＡサイクル**（Plan：標準設定→Do：実行→Check：検証→Action：改善）に他なりません。

改善の地道な積み重ねが生産性を向上させ、それが真の競争力へと結びついていきます。生産現場のコスト低減力というのは、決して一朝一夕に

■ 図表4-5　標準作業票の例

No	作業内容		品質		急所（正否・安全・やり易く）	見取り図
			チェック	ゲージ		
	部品加工　作業要領書				品番 ○○○○○-□□□□□	課長 工長 組長
					品名 ステアリングナックル	富野 櫻本 松本
					工程 ステアリングナックル機械加工工程	
1	パレットから粗材を取り出す				右手で	
2	CE-239	ワーク取外し、取付け送りをかける	1/50	目視	センターの浅すぎは後工程のLA、GR工程で危険	
3	RH-2501	ワーク取外し、取付け送りをかける			正確に中心に取り付けること	
4	LA-1307	ワーク取外し、取付け送りをかける			両センターに確実に取り付けること	
5	LA-1101	ワーク取外し、取付け送りをかける	1/1	C	22.5±0.25切粉はデレッキで取ること	
6	DR-1544	ワーク取外し、取付け送りをかける		目視	貫通状態を裏側から確認する	
7	SP-101	ワーク取外し、取付け送りをかける			M-22、J-15取り付け面切粉清掃	
8	MM-122	ワーク取外し、取付け送りをかける			上面を基準とすること	
9	HP-657	ワーク取外し、取付け送りをかける			ブッシュは油溝が円周に切ってある方を上にして入れる	
10	BR-410	ワーク取外し、取付け送りをかける	1/10		取り付け面清掃	
			1/10	PS	光明丹80%以上	
			1/10	LP	±0.82	

見取り図：1-9-2-8-3-7-4-6-5

出所：青木幹晴［2012］『自動車工場のすべて』ダイヤモンド社、148ページを修正

得られるものではありません。人間の筋肉と同じように、獲得するには長い時間がかかります。日々のトレーニングをサボると筋肉はすぐに落ちてしまいますが、その点もよく似ています。現場の生産性を向上させるための飛び道具や奇策はありません。決して止まることなく、ＰＤＣＡサイクルを回し続ける以外に方法はないのです。

Column　低利益率の日本製造業

　売上高に占める営業利益の割合を**売上高営業利益率**（ROS：Return On Sales）と呼びます。企業の競争力を測るときによく使われる指標で、営業利益率が高いほうが、その企業が効率よく稼いでいるということになります。

■ 図表4-6　各国製造業の売上高営業利益率・売上高研究開発費率の分布

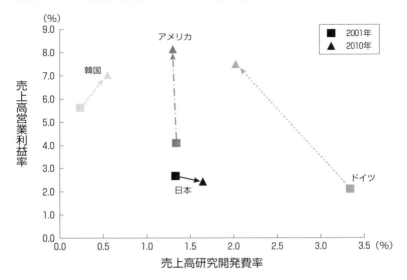

出所：経済産業省［2011］『2011年版ものづくり白書』61ページの図1を修正

　図表4-6は、日本・アメリカ・ドイツ・韓国の製造業全体の売上高営業利益率と売上高研究開発費率を表したものです。これを見ると、日本の製造業は、売上高研究開発費率に対して売上高営業利益率が他国と比べるとかなり劣っていることがわかります。つまり、製品の開発力をうまく利益に結びつけられていないということです。なぜ、このような現象が起きているのでしょうか。

　営業利益率を高める方法は、2つしかありません。1つは、販売価格に対して製造原価と営業費の割合を引き下げることです。産業によって違いはありますが、日本企業の場合、販売価格のなかで製造原価の値は低い（売上高粗利益率は高い）ものの、他国よりも営業費が高く、そのことが高コスト（低売上高営業利益率）体質につながっているという指摘があります。これは、生産現場のQCD能力に対して、マーケティングを含めた本社の戦略が相対的に弱いため、結果として

■ 図表4-7　日本製造業の売上高営業利益率の推移

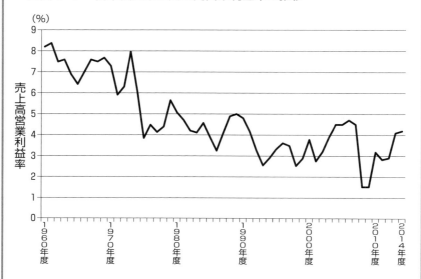

出所：法人企業統計より作成

営業利益率が悪くなっているのではないかという指摘です。問題をやや単純化しすぎのきらいはありますが、日本企業のそうした状況は「**強い工場、弱い本社**」とも評されます[51]。

　営業利益率を高めるためのもう1つの方法は、販売価格そのものを引き上げることです。ライバル企業の製品よりも高い価格をつけようと思えば、そこには大きな差別化が必要となります。また、製品そのものの差別化と同時に、違いを消費者にアピールしてその価値を認めてもらう力も大切です。これらの力も、欧米企業と比べると日本企業は不得手だと言われます。

　もちろんこれら以外にも、低い営業利益率の要因に対しては様々な指摘があります[52]。戦後の高度経済成長下で育ってきた日本企業の多くは、国内市場の継続的成長によって利益の拡大が可能でした。つまり、それほど利益率にこだわらなくてもよかったのです。しかし日本市場全体は今、成熟期に入っており、これまでと同じような成長を今

後も期待するのは難しいと言えます。さらに、戦後は売上高営業利益率それ自体も下がっています。1960年〜2014年までの日本の製造業全体の営業利益率の推移を示したのが**図表４−７**です。上下を繰り返しながらも、長期的には低下傾向にあることがわかります。

今後の高齢化社会到来により、医療やシルバー関連など市場の拡大が予想される分野もありますが、日本の製造業のさらなる発展のためには収益性改善が不可欠なことに変わりはないでしょう。

第4章のポイント

- ✓ ものづくりの費用は、直接費と間接費、変動費と固定費に分けられる。
- ✓ 全部原価計算では、間接費を個々の製品にどのように配賦するのかという点が問題になる。
- ✓ 全部原価計算には、販売量が上がらなくても生産量を増やせば、帳簿上では製造原価が下がるという欠点がある。
- ✓ ＣＶＰ分析によって、損益分岐点（売上と費用が等しくなる点）が把握できる。
- ✓ 損益分岐点比率を下げることが、競争力につながる。
- ✓ 生産性の向上とは、インプットを減らしてアウトプットを増やすことである。
- ✓ 労働生産性向上のポイントは、サイクルタイムの中で正味作業時間の占める比率を高めることである。

第5章

納期管理

買いものに行き、目当ての製品が品切れだったという経験が誰にでもあるはずです。反対に、店頭で製品が大量に売れ残っている光景を目にしたこともあるでしょう。どちらの状況も企業にとっては好ましくありません。それを避けるには、消費者が欲しいと思うタイミングで製品をつくり、市場へ送り出すための仕組みが必要となります。それが、本章で学ぶ納期管理の仕事です。

5-1 納期と競争力
受注生産と見込み生産

▶ **納期とは何か？**

　ものづくりの競争力指標であるＱＣＤのなかでも、**納期**（Delivery）は、競争力との関係が少し捉えにくいものかもしれません。高品質の製品を低コストでつくるというのは、売上拡大と利益獲得とのつながりが明瞭です。それに比べると、納期は製品それ自体の魅力とは直接関係がないようにも見えます。そのことについて少し考えてみましょう。

　そもそも、納期とは何でしょうか。消費者の視点から見ると、次のように定義できます。それは「**消費者がある製品を欲しいと思った時点から、それが手元に届くまでの時間**」です。原則として、消費者は納期が短い製品を好みますから、「ライバル企業と比べて短納期の製品は競争力が高い」ということになります。ただし、原則としてと付けたように、製品特性によって異なってくる点に注意が必要です。

　コンビニエンスストアやスーパーなどで売っている日用品の多くは、売り場に置いてあるもののなかから選んで買うことがほとんどです。この場合、納期はほぼゼロです。逆に店頭で品切れを起こしている製品は、補充されるまで一定の時間がかかりますから、その間に競合製品に顧客を奪われてしまうかもしれません。したがって、こういった製品は、納期の短さが競争力を大きく左右します。

　しかし、日用品とは違ってクルマや衣服などの嗜好性や趣味性、個人のこだわりが強い製品の場合には、納期が長くなっても消費者が待ってくれる可能性が高くなります。また同じクルマでも、高級車と大衆車では、顧客が許容する納期がそれぞれ異なってくるでしょう。ベンツやＢＭＷなどの高級車は、むしろ待つことによって製品への期待感が増し、それがブラ

ンド力の向上をもたらすという性質も持っています。企業側も、あえて品薄の状態をつくり出すことによって希少感を醸成し、その魅力を高める戦略をとることもあります。少し特別な例ですが、フェラーリの社訓は「需要より１台少なくつくれ」だと言われます[53]。

このように、適切な納期は、製品特性の違いと顧客がどれだけ待てるのかによって変わってきます。つまり、必ずしも短ければよいというわけではない面があるため、それが競争力とのつながりをわかりにくくしているとも言えるでしょう。いずれにせよ、納期管理に際して企業が行なうべきことは、次の２つです。

- 顧客が許容できる時間内に製品を納めること
- 約束した納期を守ること

▶見込み生産と受注生産の違い

納期という視点を軸にすると、企業のものづくりは、大きく２つに分類できます。ものづくりの基本的なプロセスを描くと、製品設計→材料・部品調達→生産→流通→販売になりますが、その時間的進行のなかで、あらかじめ顧客の注文を予想して製品をつくるのが**見込み生産**（build to stock）、注文を受けてからつくり始めるのが**受注生産**（build to order）です（**図表５-１**）。以下、詳しく見ていきましょう。

●見込み生産 ── 注文を予測してつくる

自社の製品がいつどれくらい売れるのかを前もって予測したうえで、顧客が購入する販売時点よりも先行して、ものづくりを行なうのが見込み生産です。われわれが日常的に買う製品のほとんどは、見込み生産によってつくられていると言えます。でき上がった製品は、**在庫**として売り場の棚や物流拠点（倉庫）などに置かれます。例えば、アメリカのインターネット通販大手のAmazonの倉庫には、様々な企業の製品が在庫として保管されていますが、それらはすべて見込み生産品です。

■図表5-1　見込み生産と受注生産

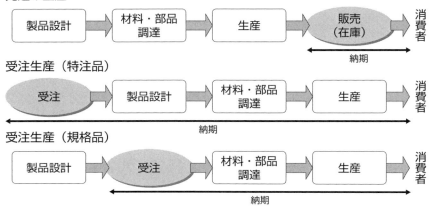

　こういった場合、消費者は、欲しい製品を在庫のなかから選んで購入しますので、納期は非常に短くなります。希望製品の在庫がない場合には次の入荷まで待つか、あるいは、そこにある競合他社の似たような製品を買うこともあるでしょう。したがって顧客を逃したくない企業は、在庫切れを起こさないように生産をうまくコントロールする必要があります。同様に、在庫過多も避けなければなりません。

● 受注生産　──　注文を受けてからつくる

　注文を起点にして、ものづくりが始まるのが受注生産です。さらに受注生産それ自体も、その特徴から2種類に分けられます。

　顧客の注文にもとづき1から製品の設計と生産を行なうのが、**特注品の受注生産**です。お客さんの体型を採寸し、生地の種類とデザインを相談しながらつくるスーツやウェディングドレスなどを思い浮かべるとわかりやすいでしょう。あるいは、設計事務所に頼んで建てる注文住宅やオフィスビル、客船などの大型船舶もこれにあたります。われわれが日常的に買う製品としては、それほど多くはありません。

　それとは別に、あらかじめ設計が終わった製品群から消費者が欲しいも

のを選び、企業は注文を受けてから生産を開始するのが**規格品の受注生産**です。住宅の例で言えば、住宅展示場に並んでいるモデルハウスがそうです。顧客が展示場に行き、買いたい家を選び販売契約が成立した後に、住宅メーカーは必要な建材を調達して施工に入ります。スーツやウェディングドレスの場合でも、特注でつくるいわゆる完全オーダーメイド品ではなく、顧客がカタログや展示サンプル品のなかから好きな形を選び、サイズは個々に調整するといったケースは、規格品の受注生産にあたります。

● 見込み生産と受注生産の見極めは難しい

　ここまで見込み生産と受注生産の違いについて説明してきましたが、現実のものづくりを観察してみると、両者を明確に切り分けるのは難しいということに気がつきます。

　町のラーメン屋さんの例をとって説明しましょう。店に行ってラーメンを注文すると、たいていの場合、店主は注文を受けてから麺を茹でてラーメンをつくります。一見すると受注生産ですが、茹でる前の麺とスープ、チャーシューなどの具材は事前につくられていることがほとんどです。つまり、材料の段階までは見込み生産で、茹でる工程以降が受注生産になるわけです。

　実際の企業の工場でも、半完成品（生産途中にある半完成品のことを**仕掛品**（しかかりひん）と呼びます）までは見込みで用意し、それ以降の工程を注文と連動させることがよくあります。アパレル産業では、洋服の生地を染色前の無地の状態のまま見込みで準備しておき、注文が入ってから染色・裁断・縫製を行なう手法（「後染め方式」と呼ばれます）が有名です。イタリアのベネトン社やスペインのインディテックス社（ＺＡＲＡ）、日本のファーストリテイリング社（ユニクロ）などが採用しています。

　規格品の受注生産でも、部品や材料は実際の注文が来る前に準備しておくのが一般的です。そういう意味では規格品の受注生産は、準見込み生産と表現することもできます。

● ものづくり分業とグローバル展開

　今日、製品のものづくりに必要な活動を１つの企業がすべて担っていることは滅多にありません[54]。数多くの企業が、ものづくりの各機能（開発、部品・材料の生産、完成品の組立、物流、販売など）を分業しており、自動車のものづくり１つをとってみても、トヨタや日産といった完成車メーカーを中心に、数百の部品メーカー、物流企業、販売企業（自動車ディーラー）が連携し、あたかも１つの組織のように動きながらクルマを生み出し、市場へと供給しています。自動車以外にも、われわれが日常買う製品のほとんどがそうです。

　開発を除いた生産と販売活動の連鎖のことを、**サプライチェーン**（supply chain）と呼びます。そして現在は、多くの産業でサプライチェーンが世界中にまたがり拡大しています。**図表５-２**は、トヨタ自動車の海外生産拠点（完成車と部品の両方）を示したものですが、世界中に点在していることが見てとれます。加えて完成車の販売地域は、170カ国にまで及んでいます。

■ 図表５-２　トヨタ自動車の海外生産拠点（2015年）

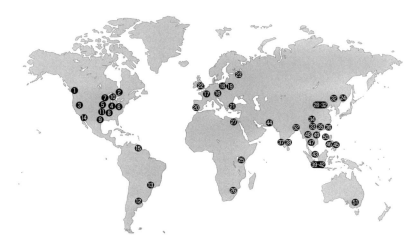

出所：トヨタ自動車株式会社ウェブページ「海外の生産拠点」
　　　（http://newsroom.toyota.co.jp/corporate/companyinformation/worldwide）

このように広範囲に拡がるものづくり連鎖のなかで、企業や工場ごとに見込み生産と受注生産が混在しているというのが現実です。したがって、ある製品の生産形態が見込み生産なのか受注生産なのかという区別は、あくまでも概念的な区分けであって、実際にはサプライチェーンのどの時点、あるいはどの企業（工場）、工程に注目するのかによって見方が変わってくる点に注意してください。

▶ 生産方式の違いと納期・在庫との関係

　今述べたように、実際のものづくりを見込み生産と受注生産とにはっきり切り分けることは難しいのですが、それでも両者の違いをあえて区別することにより、納期と競争力との関係が理解しやすくなります。

● 見込み生産の利点とリスク

　見込み生産では、未来の消費を予測し（**需要予測**と言います）、消費者の購入時点よりも先行して生産を行ないます。なぜ先行するのかと言えば、ものづくりにはそれ相応の時間がかかるからに他なりません。見込み生産の対象となる日用品の多くは、消費者にとってすぐに手に入ることが重要ですから、短納期が競争力（端的には売上）に結びつきます。しかし、顧客が買いに来てから生産を始めていたのでは、ものづくりに要する時間の分だけ納期が長くなってしまいます。そこで、消費者が買いたいと思うときに即座に製品を提供するため、販売時点よりも先行してつくり始めるのです。

　しかし、見込み生産には必ずリスクが伴います。それは、**需要予測が必ずしも当たらない**ということに起因します。予想していたよりも需要が多かった場合には、生産が間に合わず店頭で欠品するかもしれません。もっと売れる可能性があったにもかかわらず、市場に製品を供給できずに顧客を取り逃すことを**販売機会損失**と言います。逆に需要が予想を下回り、製品をつくりすぎてしまった場合には、余分な**在庫**として売れ残ってしまいます。

在庫期間が長引けば製品が傷むかもしれませんし、生鮮品や流行に左右される洋服などは売れ残りを値引き販売したり、最悪の場合には廃棄しなければなりません。当然、それは利益を圧迫します。
　このように見込み生産は、短納期を実現できる一方で、機会損失と在庫保有のリスクを常に抱えています。

● 受注生産の利点とリスク

　受注生産の場合はどうでしょうか。ここでも、ものづくりには時間がかかるという点が鍵を握ります。顧客の注文を受けてから生産を開始するのが受注生産ですから、基本的に在庫保有リスクはありません。その代わり、顧客は製品ができ上がるまで待つことになります。つまり、受注生産は見込生産と比べると納期が長くなりやすいという欠点があるのです。
　先述したように、納期の短さが常に競争力を生むわけではありませんし、適切な納期の上限を決めるのはあくまでも消費者です。しかし、必要以上に長く待たされるのであれば、もっと納期の短いライバル製品のほうに逃げられてしまうかもしれません（この場合、競合製品が自社製品と同等の品質と値段であるというのが条件になります）。また、設計や生産途中にトラブルが起きて約束した納期を守れなければ、自社の評判を落とすことにもなります。

● ものづくりに要する時間の短縮が鍵を握る

　以上のように、見込み生産と受注生産にはそれぞれ利点とリスクがあります。納期を短くしようとすれば在庫リスクと販売機会損失が高まり、在庫を持たなくてもよい受注生産では、逆に納期が長くなります（**図表5-3**）。つまり、納期と在庫はトレードオフの関係にあるのです。
　ここでのポイントは繰り返しになりますが、**ものづくりには一定の時間がかかる**という点にあります。仮にこの時間をゼロにすることができれば、それぞれの生産方式が抱える問題は同時に解消できます。顧客が製品を買いに来たとき、魔法のように一瞬でつくってわたせばいいからです。
　とはいえ、言うまでもなく質量のある製品に関しては、ものづくりの時

■ 図表5-3　見込み生産と受注生産の利点とリスク

	利点	リスク
見込み生産	短納期	在庫 販売機会損失
受注生産	在庫なし	長納期 販売機会損失

間をゼロにすることは物理的に不可能です。しかし、この時間を可能な限り短くすることができれば、リスクの少ない状態に近づけられます。例えば、見込み生産を行なっていて機会損失が生じたときでも、素早い追加生産が可能なら販売ロスを挽回できます。受注生産であっても、ものづくりのスピードがライバルよりも速ければ、納期を短く設定できるので有利です。

　以上のように、開発と生産に要する**ものづくり時間を短縮する**ことが競争力向上へとつながります。開発時間の短縮の問題は第7章で扱いますので、以下では生産時間と競争力との関係に焦点を絞ることにしましょう。

5-2 ものづくりにおける工程管理
製品多品種化への対応

▶生産計画の立て方

　生産に時間がかかるということは誰にでもわかると思いますが、具体的にどういったことに時間が必要となるのでしょうか。ここでは、見込み生産を例にとって説明していきます。

　見込み生産では、自社の製品が「いつ、どこで、どれくらいの数量売れるのか？」を前もって予測しなければなりません。基本的には過去の売上を参考にしながら、販売部門などが先行きの需要を見通します。最近では、ＩＣＴ（情報通信技術）が発達したことによって、製品の販売動向に関する膨大なデータを簡単に収集できるようになっています。よく知られているように、コンビニやスーパーなどでは、ＰＯＳ（Point Of Sales：販売時点情報管理）システムと呼ばれるＩＣＴの仕組みを通じて個別製品の売上記録が逐次集計されています。

　そうして集めた販売データをもとに需要予測を行ない、「いつまでに、どれくらいの量の製品をつくるのか」という計画（**生産計画**と言います）を立てます。生産計画を策定する際には、次の２つのことを決めなければなりません。

　１つは「どれくらいの**期間**を生産計画の対象とするのか」ということ、もう１つは「その期間内での**生産量**」です。需要予測の値に加えて、工場の生産能力（一定期間にどれくらいの量の製品を生産できるのかという力）も考慮する必要があります。当たり前ですが、工場の能力を遥かに超えた生産（過度な残業を従業員に強いる等）はできません。同時に、企業としての販売目標もあります。したがって生産計画の策定作業は、**販売部門と生産部門が密に連携**して行なうことがとても重要です。そうしないと、必

■ **図表5-4　生産計画の策定（見込み生産）**

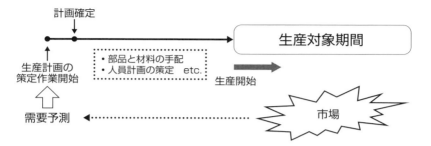

要以上につくりすぎてしまったり、在庫を切らして販売機会を逃がすことになります。

　こうして例えば、「X工場では、9月の1ヶ月間に製品Aを1,200個生産する」といった計画を立てます。実際には、「9月1日：50個生産、9月2日：60個生産…」というように、日程別の生産計画になっていることがほとんどです。

　もう1つ重要なことは、「その計画をいつ立てるのか？」という点です。仮に、9月分の生産計画の策定作業を8月1日に開始して、その翌日に計画を確定させるとすれば、その企業は毎月2日に1ヶ月先の1ヶ月分の生産計画を立てて、それを毎月繰り返すというサイクルになります。この場合、生産に先立つ期間、つまりどれくらい前に生産計画を立てるのかというのは、対象となる生産月の最終製造日から逆算すると最大で2ヶ月前、生産計画の対象期間（以下、「生産対象期間」と略します）は1ヶ月です。この関係を模式化したのが**図表5-4**です。このようにして生産計画を策定し、生産量と納期を管理する業務のことを生産管理のなかでも特に**工程管理**と呼びます。

　生産に先立つ時間が必要になるのは、その間に生産計画を立て、製品をつくるのに必要な部品や材料の調達を行ない、作業員のシフト計画などを立てなければならないからです。要するに、この時間は、実際の生産のための段取りや準備の期間（以下、「生産準備期間」と略します）にあたります。

このように、生産に必要となる時間は、生産準備期間と生産対象期間の長さによって変わります。それぞれの長さは、産業や企業、製品によって異なりますが、生産計画の策定方法に大きな違いはありません。

▶ 需要予測の精度を上げるために

　見込み生産の場合には、計画を立てるために未来の需要を予測しますが、それは、生産に必要な時間分だけ先の市場動向を読むという作業です（ここでは、物流に要する時間は捨象しています）[55]。普通はこの時間が短いほうが予測の精度が上がります。天気予報で、1ヶ月先の予報よりも明日のほうが当たりやすいのと同じ理屈です。したがって、生産に必要な時間の短縮は需要予測精度の向上をもたらしますので、見込み生産が持つリスク（予測が外れて被る販売機会損失と在庫保有のリスク）を軽減します。上で説明したように、生産に必要な時間は生産準備期間と生産対象期間の長さによって決まってきますから、それぞれを短くすればよいわけです。

　生産準備期間の大部分を占めるのは、各種事務作業や様々な手配業務です。具体的には、完成品の生産計画そのものを立てる作業、部品や材料の調達、作業員のシフト策定などが含まれます。これらの業務を効率化することが生産準備期間の短縮に直結します。最近では、コンピュータや生産計画立案ソフトなどの発達により、どの企業でもこうした手配業務に必要な時間を安価で短くできるようになってきました。

　もちろん、高度なソフトウェアを導入すればすぐに効率化できるというわけではありませんが、生産計画を立てる作業を紙とペンを使って手作業で行なうことを考えると、処理スピードの違いは明らかです。また、生産準備期間短縮の鍵を大きく握っているのは、本章5-3で説明する部品調達作業です。

　同時に必要なのが、次に考える生産対象期間の短縮です。

▶製品の多品種化と生産対象期間の短縮

　大量生産システムについて理解するためのポイントの１つが、**規模の経済**でした。同じ期間内になるべく多くの製品を生産したほうが規模の経済が働きますので、単位あたり生産コストが低くなります。ただし、それはあくまでも生産した製品が順調に売れていくというのが前提です。売れなければ、サプライチェーン上のどこかで在庫を抱えることになりますから、せっかくのコスト低減効果を打ち消すことになります。そのとき、通常は生産量を落とすわけですが、**損益分岐点**以下の生産量になれば工場は赤字に陥ってしまいます（第４章）。そこで、ライバルとの市場競争に打ち勝ち、工場の稼働率を維持するため、大量生産を行なう多くの企業が製品の多品種化を進めることになります（第２章）。

　生産対象期間短縮の問題を考えるときには、この**多品種化**という現象が重要になります。

●製品多品種化への対応

　今、１ヶ月の生産対象期間で製品Ａを1,200個生産している工場があるとしましょう。モデルの単純化のため工程は１工程のみ、生産準備期間はゼロと仮定します。

　あるときライバルメーカーとの競争が激しくなり、売れ行きが徐々に落ちてきました。そこで需要を喚起するため、製品Ａの生産量を半分に減らす代わり、新たに製品Ｂの市場投入を決定します。

　工場では、月の前半２週間で製品Ａを600個、後半の２週間で製品Ｂを600個、同じ生産ラインでつくる体制を組むことにしました（**図表５-５の中段**）。この場合、月の途中でＡからＢへと製品が変わるときに生産設備を切り替えなくてはなりません。金型を使って鉄板をプレスする工程であれば、製品Ａ用の金型から製品Ｂ用の金型に取り替えます。こういった設備の切り替え作業のことを**段取り替え**と呼びます。後述するように、段取り替えには一定の時間を要します。

■ **図表5-5　製品多品種化と生産対象期間の短縮**

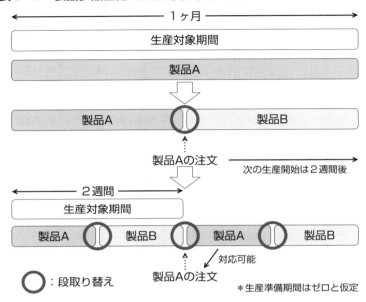

この生産体制のなか、工場では次のような問題が発生しました。

- 月の2週目が終わったころ、ある販売店から「製品Aが予想以上に販売好調で在庫が切れそうなので、すぐに送って欲しい」という連絡が工場に入ります。
- しかし今の生産体制では、製品Aの生産が次に始まるのは次月の頭ですから、少なくともそれまでは対応することができません。
- 結局、製品Aは欠品を起こし、その店では販売機会損失を起こしてしまったのです。

そこで工場では、**図表5-5**の下段のような生産体制へと変更しました。生産対象期間を1ヶ月から2週間へと半分に短縮し、A・Bそれぞれの製品を毎週300個ずつ小刻みにつくり分ける方式を導入したのです。月の第

1週目で製品Aを連続してつくり、第2週目にB、月の後半の第3週目は再び製品Aという具合です。なお、一定期間に同じ製品を連続して生産する単位のことを**生産ロット**と呼びます。この場合、生産ロットは300個です。

このような生産体制をとれば、同じように月の半ばに製品Aの予期せぬ需要増加が起きたとしても迅速に対応できます。逆に、売れ行きが予想よりも落ちたときに生産のブレーキを踏むことも可能です。こうして、生産ロットを小さく（600個から300個へ）することによって生産対象期間を短縮し、見込み生産が持っているリスクへの対応力が高められるのです[56]。

今回のケースでは、新たに製品Bを投入することにより、例えば品質管理の手間が増えるため、生産コストは上がります。その分、現場改善によってコスト低減に努める必要がありますが、同時に販売機会損失と在庫を削減して、コスト上昇分と相殺できればよいわけです。こうして、大量生産を行ないながらも多品種化によるコスト増を抑えられます。

● 段取り替え時間の短縮

ただし、製品の多品種化に伴って生産ロットを小さくしていったとき、生産現場では次のような問題も生じます。それは、ロットの縮小化に比例して段取り替えの回数が増加するという点です。この場合、1回の段取り替えに要する時間を縮める必要があります。そうしないと、生産対象期間を短縮することができません。

段取り替えには、主に2つのやり方があります。1つは、製品の加工を一旦停止して設備の切り替えを行なう**内段取り**です。もう1つは、加工作業を完全に止めずに、加工と並行しながら切り替え作業を行なう**外段取り**です。

段取り替え時間短縮の定石は、内段取りを減らし、それを外段取りへと変えていくことです。つまり、生産ラインをなるべく停止させずに段取り替えを行なうというのが改善の基本です（**図表5-6**）。金型を取り替える必要があるときには、次につくる製品に必要な金型を早めに準備しておくなどの工夫を施すのです。同時に、金型の取り替えそのものに要する作業時間も改善を施して短くしていきます。

■図表5-6　段取り替え時間の短縮

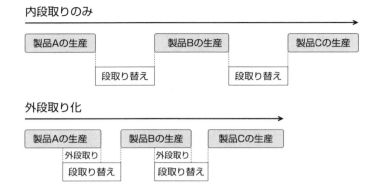

　段取り替えの問題は、料理の手際のよい人と悪い人の違いが、事前準備作業の巧拙にあるのと同じです。たくさんの種類の料理を短時間で手早くつくれる人を観察してみると、調理をしながら並行して次につくるメニューの調理準備をしていることがわかります。優れた料理人というのは、外段取りに長けた人というわけです。

　以上のように、多様な製品をつくりながら生産ロットの縮小を行なうためには、段取り替え作業の改善（時間短縮）が不可欠になります。

生産リードタイムという概念

　材料と部品を購入してから実際の生産作業を開始し、計画した製品ができ上がって出荷可能な状態になるまでの時間のことを**生産リードタイム**と呼びます。**スループットタイム**と言うこともあります。この期間が短ければ、見込み生産の場合には販売機会損失と在庫リスクの軽減につながります。受注生産であれば、納期が直接短くなります。

　なお、ものづくりの世界では、生産作業以外にも何かの作業に着手してから終了するまでの時間のことを**リードタイム**と言うのが慣例です。製品開発にかかる時間であれば開発リードタイム、製品の輸送時間なら輸送リードタイムと表現できます。

● 生産リードタイムの中身

　生産リードタイムの概念について、第4章で用いた腕時計生産のケースを例にとって説明しましょう。工場では、腕時計の主要部品（外装ケース、電子基板、電池、液晶パネル、バンド）を外部から購入しています。生産工程は、購入した部品を使って時計本体を組み立てる第1工程と、本体にバンドを取り付ける第2工程からなります。第1工程のサイクルタイム（1つの工程に与えられた作業時間）は1分、第2工程は2分です。なお、第4章では、第1工程に4人、第2工程に3人の作業員が配置されていましたが、ここでは単純に1人ずつということにします。

　生産リードタイムは、**図表5-7**の下段のように表すことができます。このように、モノの流れを表した図のことを**工程流れ図**（process flow diagram）と言います[57]。ここで重要な点は、生産工程のなかで仕掛品や完成品が滞留している時間、つまり在庫として置かれている時間と工程間の搬送時間も生産リードタイムのなかに含まれるということです。このケースで言えば、時計本体をつくる第1工程のサイクルタイムは1分ですから、連続して100個つくる計画なら、すべてをつくり終えるのに100分かかる計算になります。先述したように、同一の製品を連続して加工する単位のことを**生産ロット**と呼びます[58]。今回の例では、本体の生産ロットが100個です。

　そして、もしバンドを取り付ける第2工程の作業員が、時計本体が100個すべてつくり終えられるまで待っているとしましょう（これを**ロット待ち**と言います）。そうすると、すべての時計が完成するまでの生産リードタイムは、100分（第1工程のサイクルタイム1分×100個）＋200分（第2工程のサイクルタイム2分×100個）＝300分になります（部品在庫と工程間の搬送時間はゼロとします）。

　この場合、生産リードタイム300分のなかで、製品1個の流れに着目すると、サイクルタイムの合計3分（1分＋2分）を除いた297分は、生産ロットの残り99個の加工を待っている時間、つまり在庫としての滞留時間です。

■ 図表5-7　生産リードタイムの概念図

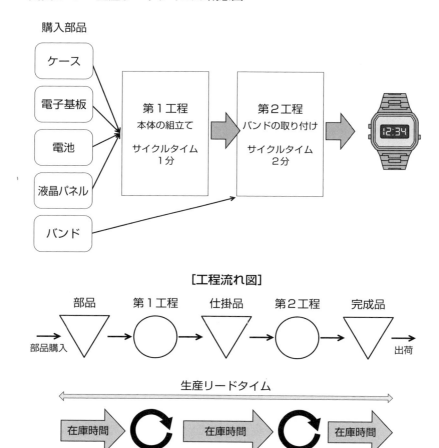

● 生産リードタイムのほとんどを占めるのが在庫時間

　以上のように、生産リードタイムの大部分を占めているのは、**加工待ちをしている在庫時間**というのがほとんどのケースです。生産性に優れているとされる企業でも、リードタイム全体のなかでサイクルタイムが占めている割合は、わずか数％だと言われています[59]。したがって各種在庫量を

いかにコントロールするのかが、生産リードタイムの長さを左右します。

前述のケースだと、第1工程で時計本体100個がすべてできあがるまで第2工程の作業員が待たずに、本体が1個でも完成したらすぐに受け取ってバンドの取り付けにかかれば、工程間の仕掛品在庫を減らせ、生産リードタイムを短縮できます。このようなつくり方を**1個流し生産**と言います。あるいは、生産ロット自体を小さくしても在庫とリードタイムを減らせます。

ただし在庫にはそれぞれに必要な機能と役割がありますので、ただ一方的に減らせばよいというわけではありません。そこが在庫管理の難しいところです。世間では「在庫＝絶対悪」というような認識がありますが、それは一面的な見方です。あくまでも、最終的な競争力との兼ね合いを図りながら、適切な在庫量を設定することが大切です。では次に、在庫の役割について見ていきましょう。

▶ 在庫の役割と機能

形態別に見ると在庫の種類には、**原材料と部品在庫、仕掛品在庫、製品在庫**の3つがありますが、役割と機能を軸にして整理すると以下のように分類できます[60]。

①パイプライン在庫

生産の流れ（サプライチェーン）のなかで、材料・部品、完成品が輸送途中にある状態、あるいは倉庫に置かれている在庫のことです。工程間で搬送されている仕掛品もこれに含まれます。サプライチェーンを、石油やガスを運ぶパイプラインになぞらえて、**パイプライン在庫**と呼ばれます。

②ロットサイズ在庫

ある工場で毎日100個ずつ連続して製品をつくっており、完成した製品は2日に1回、まとめて200個ずつ販売店へ輸送されるとしましょう。この場合、工場のなかに貯まる在庫量は、最小0個〜最大200個、平均だと

■ 図表5-8　ロットサイズ在庫と安全在庫

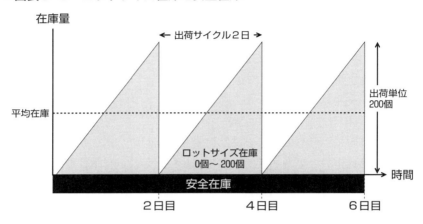

100個になります。これが、**ロットサイズ在庫**です（**図表5-8**）。製品の引き取りサイクルに応じて変動する在庫ということで、「サイクル在庫」と呼ぶこともあります。

③安全在庫

　注文の予期せぬ変動に対応するため、ロットサイズ在庫に加えて持っておく在庫が**安全在庫**です（**図表5-8**）。理論上は、製品の需要予測精度が悪くなれば増えることになります。したがって、生産に必要な時間を短縮できれば安全在庫の量を減らせます。生産に対する需要変動の影響を和らげるという意味で、「バッファー（緩衝）在庫」とも呼ばれます。震災などの自然災害などに備えて持っておく在庫もこれにあたります。

④季節変動対応在庫

　エアコンやアイスクリームなど、売れる時期が集中しているような製品の場合、生産量と販売量を連動させると季節間の生産変動が必要以上に大きくなってしまいます。それを避けるため、繁忙期が来る前にある程度の量をつくり溜めして生産変動を抑えることがあります。そうして生まれる在庫が、**季節変動対応在庫**です。

⑤ディカップリング在庫

　先述した腕時計生産のケースでは、もし第1工程で何らかのトラブルが起きて時計本体の生産が止まってしまうと、その間は仕掛品が送られなくなり第2工程にも影響が及びます。そうした事態を避けるため、工程間に仕掛品在庫を置くことがあります。これらの在庫を、工程間の相互依存関係を弱めるという意味で**ディカップリング**（否定の接頭辞のde＋連結を意味するcouple＝decoupling）**在庫**と呼びます。

● 在庫の削減が改善を促す

　工程間にディカップリング在庫を持つことによって、前工程で不良品が発生しても、後工程にすぐさま影響が及ぶのを避けられます。逆に考えれば、在庫があるおかげで前工程は安心して不良品を出せるわけです。在庫の存在が、工程内に潜む問題を覆い隠してしまっている状態だと言うこともできます。

　仮に工程間に仕掛品在庫を置かなければ、不良品の発生や設備故障による生産ストップが起きると、即座に他の工程へと問題が波及していきます。こうすることで、良品率や設備の**可動率**を上げるための改善プレッシャーを各工程に与えることになります。

　設備の可動率とは「工場が実際に操業していた時間のなかで、設備が故障することなく動いていた時間の比率」のことです。つまり、設備故障ゼロなら可動率100％です。設備を動かしたいと思うときに、いつでも動かすことのできる力とも言えます。同音異義語で**稼働率**がありますが、これは工場の最大操業可能時間（生産能力）のうち、どれくらいの時間操業しているのかという比率です。月に100万台生産できる能力のある工場が80万台つくっていたとすれば、稼働率80％です。要するに、工場が現在持っている力の何割を使っているのかという割合が稼働率で、その力をいかに効率よく発揮できているのかというのが可動率です。この違いに注意してください。

　このように、工程間在庫を少なくすることによって現場改善を促すことができるのですが、やみくもに在庫をなくせばよいというわけではありま

せん。あくまでも工程能力（製造品質を左右する工程の力）と改善力とのバランスをとりながら余分な在庫を削減するのが原則です。現場に過度なプレッシャーを与えることによって品質不良が頻発したら本末転倒です。

在庫削減と現場改善のつながりを特に重視している企業の１つがトヨタ自動車です。トヨタ流のものづくり（**トヨタ生産方式**と呼ばれます）に精通した人は、その強みを次のように述べます。

「トヨタ生産方式の強みは何か。初級者は、在庫が少ないことだと答える。中級者になると、問題を顕在化させ、生産性向上、品質向上を強制するメカニズムが含まれていることだと言う。しかし上級者は何と言うか。問題を顕在化して解決する作業を繰り返すうちに、問題がない状況が不安になって、みんなで一生懸命問題を探し始めることだ」[61]

在庫の削減と言うと、直接的なコスト低減や生産リードタイムの短縮にばかり目が行きがちですが、**現場の問題発見および解決力を促す効果**があることも覚えておいてください。

● 制約条件の理論

次に、在庫削減を行なうときの考え方の１つである**制約条件の理論**を紹介しましょう。

前述のデジタル腕時計生産のケースでは、第１工程で１分間に１個ずつ時計本体が組み立てられていました。それに対して、第２工程はサイクルタイムが２分なので、２分に１個ずつしかバンドを取り付けられません（**図表５-７**）。つまり、この工場では２分に１個のペースで完成品としての腕時計が生み出される計算になります。

この場合、工場全体の生産能力は第２工程のスピードに左右されます。このような工程のことを、瓶の注ぎ口で最も細くなっている箇所になぞらえて**ボトルネック工程**と呼びます（**図表５-９**）。ボトルネックという名称は、瓶から注がれる水の量が注ぎ口の太さによって決まることに由来しています。

■ **図表５-９　ボトルネック工程への注目**

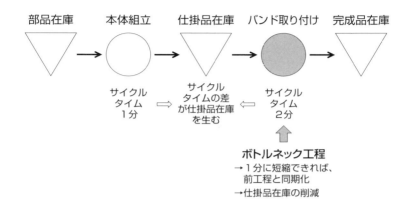

　在庫削減を試みる際には、ボトルネック工程への注目が大切になります。第１工程と第２工程では、第１工程のサイクルタイムのほうが１分短いため、工程間には２分間に１個ずつ時計本体の在庫（仕掛品在庫）が溜まることになります。そこで、第２工程の作業を改善（スピードアップ）してサイクルタイムを半分（１分）にすることができれば工程間のサイクルタイムが一致し（これを**同期化**と言います）、仕掛品在庫の数を減らせます。さらには、１分に１個の割合で腕時計をつくれることになりますので、結果として工場全体の生産能力も倍増できます。

　このように、工程改善を行なうときには一様にすべての工程のスピードアップを図るのではなく、まずはどこが全体の能力を制約しているのかを見極め、その部分を中心に各種改善を行なうという順番が大切になります。これが**制約条件の理論**（通称ＴＯＣ：Theory of Constraints）です。イスラエル人の物理学者エリヤフ・ゴールドラット（1948-2011年）によって提唱された考え方で、彼がＴＯＣを紹介するために出版したビジネス小説『ザ・ゴール』[62]が世界的なベストセラーになったことで一躍有名になりました[63]。

5-3 購買管理の特徴
MRPとかんばん方式

　ここまでは、納期管理のなかでも完成品をいつ、つくるのかという問題を扱ってきました。しかし、製品をつくるためには部品や材料を調達しなければなりません。すべてを自社内でつくっていれば別ですが、そのような企業は滅多にありません。先にも述べたように、ものづくりの企業間分業が進んでいるのが今の製造業の一般的な姿です。産業や企業によっては、世界中から部品を調達していることもめずらしくありません。

　そこで、企業が製品を「いつ、つくるのか」という問題を考えるときには、部品や材料を「いつ買ってくるのか」という問題も同時に考えなくてはならないのです。これは、**購買管理**と呼ばれる業務の範疇になります。

▶ 調達には時間がかかる

　納期問題を解く鍵は、製品をつくるのに時間がかかる点にあると述べましたが、購買管理について考えるときも、**部品の調達には時間がかかる**ということがポイントになります。この時間のことを、さしあたり調達リードタイムと呼びましょう。

　調達リードタイムは、完成品の生産準備期間のなかに含まれます。この期間内に、部品や材料の調達業務を行なうわけです。部品などをいつまでにどれくらい買えばよいのかというのを定めた計画のことを**購買計画**と呼びます。調達リードタイムは、この購買計画の策定にかかる時間と、部品発注から納品されるまでの時間（以下、納品リードタイム）とに分けられます。

　まずは納品リードタイムについて説明しましょう（購買計画の策定方法は後述します）。

納品リードタイムと部品メーカーのものづくり事情

　部品を生産しているメーカー（以下、部品メーカー）にとっては、完成品メーカーが顧客にあたります（**図表5-10**）。つまり納品リードタイムは、完成品メーカー側から見れば部品の納期ということになります。完成品メーカーにとって、部品の納期は短いに越したことはありません。それが短ければ短いほど、完成品の生産準備期間の短縮につながりますので、需要予測の精度を上げることができるからです。

　では、納品リードタイムの長さは何によって決まってくるのでしょうか。それは、ひとえに部品メーカーのものづくり事情に左右されます。

　当たり前ですが、部品メーカーの生産にも一定の時間がかかります。その長さは、完成品メーカーと同じように部品メーカー自身の生産準備期間と生産対象期間によって決まります。

　ものづくりには見込み生産と受注生産があると説明しましたが、部品メーカーが生産に必要とする時間が納品リードタイム内に収まっていれば受注生産、納品リードタイムよりも長ければ見込み生産ということになります。ここではゼロと仮定していますが、部品輸送にかかる時間（輸送リー

■図表5-10　納品リードタイムと部品メーカーとの関係

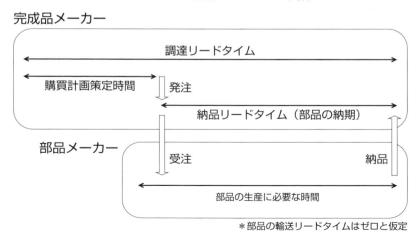

＊部品の輸送リードタイムはゼロと仮定

ドタイム）も考慮しなくてはなりません。

　納品リードタイム（部品の納期）を極力短くしたい完成品メーカーは、部品の納品時点になるべく近いタイミングで発注を行ないたいという思惑が働くことになります。しかし、納品リードタイムが極端に短すぎれば、部品メーカーは見込み生産を行なうことになり、完成品メーカーのものづくりと同様、在庫と欠品のリスクを負います。必要以上に在庫が増えればコスト上昇につながりますから、最終的には部品価格が上がる可能性があります。それは、完成品メーカーにとっても好ましくありません（欠品に関しては、言うまでもないでしょう）。逆に部品メーカーが受注生産を行なえば部品の納期が必要以上に長くなるかもしれません。

　このように、複数の企業の思惑とものづくり事情が相互に絡み合う点が、購買管理の特徴であり、かつ難しいところです。完成品メーカーは、自社と部品メーカーのものづくり事情の両方を睨みながら、適切な納品リードタイムを設定しなければなりません。

▶購買計画の立て方

● MRPとは

　次に、企業が部品や資材の購買計画を立てるための手法を紹介します。最も一般的なのが、**MRP**（Material Requirement Planning：資材所要量計画）と呼ばれるものです。MRPの詳細については、数多くの実務解説書が出ていますので、ここでは基本概要のみ説明したいと思います。

　「いつまでに、どれくらいの量の製品をつくるのか」というのを定めたのが完成品の生産計画でした。MRPは、この生産計画をもとに必要な部品数（**所要量**と言います）を計算し購買計画を立て、各部品メーカーに発注を行なう購買管理手法です。具体的には、次のような手順になります（**図表5-11**）。

① 完成品の生産計画から、例えば9月1日に製品Aを100個生産するということがわかります。

■ 図表5-11　MRPの流れ

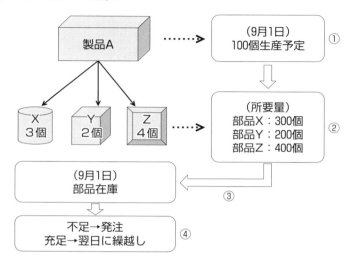

② 製品Aを1つつくるには、部品Xが3個、部品Yが2個、部品Zが4個必要です。したがって、9月1日に必要な部品（所要量）は、X：300個、Y：200個、Z：400個と計算できます。
③ 次に、9月1日に工場内にある個々の部品の在庫量を把握します。
④ その在庫量と所要量を比べて、在庫が不足するようであれば、部品メーカーに発注指示を出します。これが購買計画になります。在庫が多いなら、余る分を9月2日生産用の部品在庫として繰り越しします。発注日は、部品ごとに設定された納品リードタイム分だけ遡った日になります。

　以上の処理を毎日繰り返します。実際には、もっと複雑な計算処理や手順が含まれますが、MRPの基本的なロジックそのものはとてもシンプルです。それゆえ、一般的な購買計画策定手法として多くの企業に受け入れられていると言えます。
　なお上記の仮想ケースでは、完成品の生産計画を1日単位で区切っていますが、現実には1週間単位あるいは1ヶ月単位で区切ることも多く、1

週間であれば、毎週発注処理が行なわれます。この区切りのことを**タイムバケット**（time bucket）と呼びます。

● MRPの欠点 ── 机上の計算的な側面が強い

ただし、MRPには欠点があります。それは、あくまでも**事前の計画どおりに生産が進む**というのが前提となっている点です。実際の生産現場では、予期せぬ設備故障、作業員の欠勤、不良品の発生によるラインストップなど、様々な要因によって100％計画どおりに生産が進むことはまずありません。計画と生産実績は、ずれていくのが普通です。そうなれば、現場では部品の所要量も変動します。それに応じて部品メーカーへの発注指示も適宜修正しなくてはなりません。

しかし、MRPにはこういった変化への十分な対応力が備わっていないのです。もともと、MRPはコンピュータを使って所要量計算と発注を行なうというのを前提に、1950年代にアメリカで生まれたものです。今よりもはるかにコンピュータの処理能力が劣っていた当時は、1回の計算に数十時間を要していたと言われています。したがって、実際の生産が計画から乖離しても計算を小刻みにやり直すことができず、結果として多めの部品在庫を持つなどの対処方法をとるしかなかったというのが実情でした。部品在庫の増加は、完成品の生産リードタイムの長期化にもつながります。

その後、コンピュータの能力が進化するにつれて、計算処理速度も上がり、同時にMRPそれ自体にも多くの機能が付加されたことによって、次第に実用的なツールとして使われるようになっていきました。

● トヨタのかんばん方式 ── 購買計画を補正できる仕組み

MRPと並んで代表的な購買管理手法の1つが、**かんばん方式**です。これは、ちょうどMRPが誕生した1950年代にトヨタ自動車が編み出したものです[64]。上で述べたように、当初のMRPには、生産が計画から乖離した際、それを機動的に補正する力がありませんでしたが、かんばん方式は、その欠点を埋めるものとして考え出されたと言えます[65]。

かんばん方式は当初、工場内の工程間での仕掛品在庫量を適切に管理す

るために利用されました。連続性のある前後の工程でそれぞれの生産の進捗を合わせる手段として「かんばん」と呼ばれる紙(縦10cm、横20cm程度の大きさ)が使われることから、かんばん方式と名づけられました[66]。簡単なケースを使ってその基本ロジックを説明しましょう(後述コラムも参照)。

図表5-12のように前後2つの工程があり、第1工程(前工程)で加工した部品を使って、第2工程(後工程)で完成品をつくっているとします。かんばんには大きく、**「引き取りかんばん」** と **「生産指示かんばん」** の2種類が存在します。基本的な仕組みは次のとおりです。

① 後工程(第2工程)の組立作業員が、ライン横にある部品箱から部品を取り出して使います。部品箱には一定数の部品が入っており、箱の側面には「引き取りかんばん」が貼り付けてあります。
② 第2工程で部品が使用されて部品箱が空になると、工場内を巡回している運搬担当者がその空き箱を持って、前工程である第1工程近くの部品箱置き場に行きます。そして、持参した空き箱から「引き取りかんばん」を剥がします。
③ 運搬担当者は、持ってきた空き箱の代わりに、部品が詰まった新しい

■ 図表5-12　かんばん方式の流れ

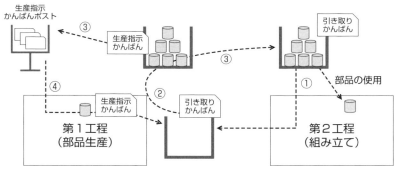

出所:門田安弘[2006]『トヨタ プロダクションシステム』ダイヤモンド社、図2-9を参考に作成

箱を持って第2工程へと運びます。その際、新しい部品箱には「生産指示かんばん」が貼り付けてあるのでそれを剥がして、②で空き箱から剥がした「引き取りかんばん」を代わりに貼り付けます。剥がされた「生産指示かんばん」は、かんばんポストと言われるかんばん収納箱（第1工程の近くにあります）に入れられます。

④　第1工程の作業員は、かんばんポストから「生産指示かんばん」を取り出して、かんばんの枚数分（かんばん1枚＝部品箱1箱収容分）だけ部品を生産します。でき上がった部品は、第2工程から持ってこられた空き箱のなかに入れられ、部品箱には「生産指示かんばん」が再び貼り付けられます。

⑤　以降、①〜④が繰り返されます。

　文章で読むと少しわかりにくいかもしれませんが、ロジックそのものは非常にシンプルです。部品箱とかんばんが一対となって工程間を巡回し（かんばんの総枚数と部品箱の数が一致）、後工程からやって来るかんばんの枚数分だけ、つまり後工程で使用した部品箱の数だけ前工程は生産を行なうので、部品を余分につくりすぎることがありません。したがって、必要以上の工程間仕掛品在庫を持つ必要もなくなります。

　このように後工程で減った量だけを生産するため、かんばん方式は、ジャスト・イン・タイム（JIT）生産方式（ぴったりなタイミングで生産する方式）とも呼ばれます。これを、最終工程から上流に向かって順番に展開していけば、工場全体を結ぶこともできます。

　そして、後工程をトヨタ自動車、前工程を部品メーカーに置き換えれば、購買管理の手段にも応用できるのです。部品メーカーは、かんばんで受け取った情報を使って、自社の生産と部品出荷スピードをトヨタの工場に合わせられますので、ちょうどよいタイミングで部品を生産し、トヨタが必要とする量だけ納品できます。かんばんが最終的な部品発注書代わりになるわけです。結果、トヨタの工場内の部品在庫も一定量に保てます。

　このように、当初の計画から実際の生産がずれたとしても、かんばん方式では機動的な購買管理ができるというわけです。

> **Column** 日常生活での「かんばん方式」の応用
>
> 　普段、家でティッシュペーパーやトイレットペーパーを切らしてしまい困ったことがあると思います。とはいえ、必要以上の量の買い置きも、それはそれで邪魔です。そういった事態を手軽に解決できる手段として、「かんばん方式」が応用できます。
>
> 　使いかけのものとは別に、予備のティッシュペーパーを常時2箱は持っておきたいとしましょう。しかしクロゼットの大きさの関係から、それ以上は増やしたくありません。普段の使用頻度からすれば、1箱だと不安です。
>
> 　このとき、予備のティッシュペーパーの箱に、ポストイットなどの付せん（なるべく目立つ色のもの）をそれぞれ貼っておくのです。そして、使っているティッシュがなくなって予備のティッシュをクロゼットから取り出したら、箱に貼ってある付せんを剥がして財布のなかに入れます。そうしておけば、外出して財布を開いたときに付せんが目に入りますから、ティッシュペーパーを買うことを思い出せます。もうおわかりかと思いますが、付せんが「かんばん」の役割を果たし、予備のティッシュペーパーが「在庫」にあたります。こうすれば、2個の買い置きを常に切らすことなく、買い忘れも防ぐことができるというわけです。

● かんばん方式に関する補足①　──　計画の重要性

　以下は、ものづくりを初めて学ぶ読者の方にとっては、現段階ではそれほど必要のない指摘ですが（重要でないということではありません）、かんばん方式の理解に関して少しだけ注意を述べておきます。

　それは、完成品の生産計画を立てて部品の所要量を展開するまでは、かんばん方式であってもMRPの考え方とほぼ同じだということです。

　詳細は省きますが、トヨタもMRPに似た仕組みを通じて計算した部品の予想所要量を、部品メーカーに購買計画として事前に伝えています（これを内示と言います）。部品メーカー側も、その内示をもとに生産準備を

行ない、場合によっては、かんばんが到着するよりも前に実際の生産を開始していることもあります。したがって、かんばんは部品メーカーへの発注書というよりは、実際には購買計画の修正情報を伝える手段だと捉えることができます[67]。部品メーカーに伝えられる事前の購買計画と、かんばんによって実際に引き取られる部品量との差は、10〜20％程度と言われています。この差が予想以上に大きくなると、かんばん方式は機能しません。上記コラムの例で言えば、風邪をひいてティッシュを一気に3個使ってしまうような場合にあたります。つまり、どれくらいのペースで生産が進むのかという事前予測（計画）が必要なのです。

　そういう意味で、ＭＲＰとかんばん方式というのは、補完的な関係にあります（巻末の脚注65も参照）。生産管理についてよく知っているという人のなかにも、「計画を重視したＭＲＰ」と「現実を重視したかんばん方式」という対立構図を描く人が少なからずいるのですが、トヨタが決して計画を軽視しているわけではありません。むしろ、しっかりとした事前の生産・購買計画があるからこそ、かんばん方式が成り立つのだということを付け加えておきます[68]。

● かんばん方式に関する補足②　――　生産の平準化

　もう1つ、トヨタが生産・購買双方の計画をつくる際に重視していることがあります。それは、**生産の平準化**と呼ばれる計画策定ルールです。

　今、ある生産対象期間内にトヨタの完成車工場では、Ａという車種を200台、Ｂを100台、Ｃを100台つくる予定だとしましょう。そのとき、最初にＡを200台連続してつくり、その後Ｂを100台、続いてＣを100台生産するという計画を立てたとすると、Ａ用の部品をつくっている部品メーカーには、期間の後半になるとトヨタから注文が来ない（＝かんばんが来ない）ことになります。同様に、ＢとＣの車種用の部品メーカーには、期間前半の注文がなくなります。

　そのような事態を避けるためトヨタでは、自動車の生産計画を立てる際には、生産の山の凸凹を平坦にする工夫を施します。今回のケースだと、Ａ・Ｂ・Ａ・Ｃ・Ａ・Ｂ・Ａ・Ｃ…という順番で自動車を生産するのです。

つまり、Aを2台つくる間にBとCを1台ずつつくるのです。こうすれば、それぞれの部品メーカーには一定の間隔で部品を発注することができます。これが、生産の平準化です。平準化を行なうことによって、生産対象期間内での生産量と品種の偏りをなるべく減らすようにします。

ただし、平準化を進めていけばトヨタの生産現場では小刻みに製品をつくり分けることになりますので、段取り替え回数が増加します。ですから、部品の購買管理にかんばん方式を導入する際には、段取り替え時間の短縮改善が必須です。

第5章のポイント

- ✓ 納期とは、消費者が製品を欲しいと思ってから手元に届くまでの時間。
- ✓ 適切な納期は、製品特性の違いと消費者がどれだけ待てるのかによって決まる。
- ✓ 需要予測をもとにして製品をつくるのが見込み生産、注文を起点につくるのが受注生産。
- ✓ 需要予測の精度を高めるためには、ものづくりに要する時間の短縮が必要となる。
- ✓ 生産ロットを縮小するためには、段取り替え時間を短縮しなければならない。
- ✓ 生産リードタイムのほとんどを占めるのが、在庫としての滞留時間（加工待ちの時間）である。
- ✓ MRPは、事前の計画どおりに生産が進むことが前提となっている。
- ✓ かんばん方式には、計画と生産のずれを機動的に補正できるという利点がある。

第6章

製品開発の基礎

　ここまで、工場のなかで製品をどのようにしてつくるのか、その際にＱＣＤをいかに管理するのかという側面に焦点を当ててきました。つまり、つくるべき製品はすでに決まっているという前提のもとで話を進めてきたわけですが、本章からはその前提部分に入っていきたいと思います。大量生産に入る前の上流のものづくり活動である製品開発の役割と競争力との関係について学んでいきましょう。

6-1 製品開発の役割と特徴
品質と価格を大きく左右する

▶製品開発の重要性

　第1章で、ものづくりとは「製品設計に関する知識情報（設計情報）を生み出し、それを様々な材料を使って製品の形へと変換し、顧客のニーズを満たす活動である」と説明しました。この定義にもとづけば、**設計情報を創造する**のが**製品開発**と呼ばれる活動の役割です。人と材料とお金（ヒト・モノ・カネ）を使って設計情報の変換作業を行なうのが生産活動ですが、設計情報そのものが存在しなければそれは成り立ちません。そういう意味で、製品開発はものづくりの競争力の根幹をつかさどる活動だとも言えます。

　競争力のあるものづくりとは、利益を継続して生み出しているということです。価格から製造原価を差し引いたものが利益ですから、製品1個あたりの利益を増やすためには、価格を上げる、もしくは原価を下げる以外の選択肢はありません。以下で説明するように、製品開発の活動はそのどちらとも深く関係してきます。

●品質と価格を左右する

　価格は、消費者がその製品の品質にどれだけ価値（買いたいと思う魅力）を見出してくれるのかによって決まります。競合製品と比べて圧倒的に魅力があると消費者が判断してくれれば、高い価格をつけることができます。そうなれば、損益分岐点比率も下がります（第4章）。製品開発の巧拙が、そうした魅力の有無に関わってくるのは言うまでもありません。

　もちろん、品質向上のためには工場内での管理も欠かせません（第3章）。とはいえ、工場側がどれだけ頑張ったとしても、開発段階で生み出された

設計品質以上の品質（製造品質）になることは通常ありえません。工場の基本的な役目は、いかに設計図どおりにつくるのかということだからです。

● **製造原価の大半を決定する**

　製造原価についても、じつは開発の段階でほぼ決まってしまいます。原価低減のためには、第4章で説明したような現場の生産性向上が必須ですが、もともとの製品設計がとてもつくりにくいものになっていたら、それが作業改善の足を引っ張ります。また、製品開発の仕事には量産前の準備作業も含まれます。どういった手順や方法で製品を生産するのかを考え、そのために必要な設備や工具の製作を行なうのも製品開発の重要な役目です。

　同時に、製造原価の大半を占める原材料費がいくらになるのかが概ね決まるのも、部品と材料を選定する開発段階です[69]。このように、製品開発は原価低減に対しても大きな影響を及ぼします。

製品開発の特徴

　以上、ものづくりにおける製品開発の重要性については理解いただけたと思いますが、それはどのような特徴と難しさを持っているのでしょうか。お金と時間に制約があるなかで、最大限の結果を出さないといけないのがビジネスの世界です。製品開発もそのような条件のなかで行なわれます。ここでは、「**創造性**」「**不確実性**」「**複雑性**」の3つのキーワードを軸に整理したいと思います[70]。

● **創造性を管理する**

　設計情報を生み出すのが製品開発の仕事だと述べましたが、それはゼロから1をつくり出すという作業です。そこには、**創造性**（creativity）が要求されます。

　例えば、製品の外観を形づくるデザイナーの仕事を考えてみてください。そこには、科学では捉えきれない創造的かつ芸術的な要素が数多く含まれ

ます。また、ライバル製品との差別化のためには、これまで誰も想像もしなかったような新しい技術や機能、斬新なアイデアを生み出さなくてはなりません。それはある種、発明や発見に近いものがあり偶然的な側面も多分にあります。

　これらの活動には自由な発想が必要になりますが、「自由」というのは得てして「効率」（efficiency）とは相性が悪いものです。とはいえ、各種の制約があるなかで結果を出さないといけないのが企業活動の宿命です。したがって、創造性と効率性のバランスをとることが求められます。これが製品開発の持つ第1の難しさです。

● **不確実性を管理する**

　第2の難しさは、製品開発には**不確実性**（uncertainty）がつきものだという点です。製品開発は、消費者の要望（ニーズ）を探ることから始まります。そして、ニーズに沿った製品を開発するわけですが、それが本当に売れるのかどうかは、結局のところ発売してみないとわかりません。ライバル企業も同じような製品を開発しているかもしれませんし、そもそも想定した市場のニーズが正しいのかどうかも100％の保証はないからです。

　また実際に開発が始まっても、それが必ずしも製品化に結びつくとは限りません。製品開発では、開発の途中で予期せぬトラブルや結果が生まれることは日常茶飯事です。開発を行なう際には事前に進行計画を立てますが、そのとおりに進むことは滅多にありませんし、満足のいく技術が開発できずにプロジェクト自体がお蔵入りになることもよくあります。そうした企業内部の要因だけでなく、市場環境が急に悪化したことによって開発にストップがかかることもよくあります。例えば、製品化に成功する可能性が特に低いのが医薬品で、その確率は数千分の1以下とも言われます。

　以上のように、ニーズの不確実性と製品開発自体の不確実性という2つの問題に直面するのが製品開発の特徴です。多くの産業や製品を対象にして調査した過去の研究によると、開発が始まり実際に製品化までこぎつけ、その後満足のいく売上を市場で上げた製品の割合は、高くとも全開発プロジェクトの20％程度だったという報告もあります[71]。

● 複雑性を管理する

3番目に挙げるのは、**複雑性**（complexity）の問題です。何をもって複雑と捉えるのかは難しいところですが、1つには製品をつくるための技術と組織が今日、多様化・複合化しています[72]。自動車であれば、昔は機械工学技術の塊だったものが、現在ではエレクトロニクス技術との融合なしには語れません。今やクルマの動きの大部分が、コンピュータとソフトウェアによって制御されており、最近ではカメラとセンサー技術を使った自動ブレーキ機能の搭載が当たり前になりつつあります。それほど遠くない未来には、自動運転のクルマも出現するだろうと言われています。

インターネットの発達とともに、世の中のあらゆる製品やサービスが情報ネットワークでつながるようになるＩoＴ（Internet of Things）と呼ばれる現象に近年注目が集まっています。ここでは、ＩoＴが企業の競争力のあり方を今後どのように変えていくのか（あるいは変えないのか）という議論には立ち入りませんが、多くの製品の情報ネットワーク化（いわゆるＩＣＴ化）が今より進んでいくことだけは確かでしょう。そうなれば、従来のカテゴリーの壁が壊され、ＩＣＴとはこれまで無縁だった製品も、そこに搭載される技術が複雑化・多様化していきます。これに伴い、開発業務も複雑化します。

技術が多様化すれば、開発を担う組織の数も増加していきます。組織が拡がるにつれて、それをうまく束ねるのも難しくなります。近年では、開発組織の拡がりが1つの企業の枠を超え、グローバルなレベルで複数企業間にまたがっていることもよくあります。最近の例で言えば、アメリカの航空機メーカー・ボーイング社の旅客機787の開発には、世界中から40社以上の企業が開発に参加しました。そのようななかで組織間の調整を行なうことは、ますます困難になります（開発組織の問題は、本章6-3で扱います）。

6-2 競争力と開発プロセス
QCDと4つのフェーズ

▶製品開発のQCD

　以上のように、創造性・不確実性・複雑性という、どれもが効率性とは相反する性質を抱えているのが製品開発の特徴であり、難しさでもあります。逆に言えば、それをうまくコントロールできる仕組み（開発システム）の構築が競争力につながるのです。

　そこで次に、製品開発と競争力との関係について考えてみましょう。これも生産システムの競争力と同じように、QCDの3つの指標を軸に整理することができます。

● 高い商品力（Q）

　消費者にとって魅力的な（質の高い）製品を開発できれば、それが競争力に結びつくことは言うまでもありません。ここでのポイントは、**差別化**です。他社の製品にはない独自の価値をつくることが、消費者の獲得と高い利益創出に貢献します。

　製品の差別化には、大きく分けると2つの側面があります。1つは、**機能や技術での差別化**です。スマートフォンを例にすれば、「電子マネーの機能が付いている」とか、「電池が長持ちする」「画面が綺麗」といった物理的な特徴での差別化です。

　もう1つは、**製品コンセプトレベルでの差別化**です。第1章でも述べたように、製品の価値について考えるときには、物理的特徴だけに囚われてはいけません。スマートフォンで言えば、「買い物を便利にするもの」「暇つぶしのための道具」といった、少し抽象的な価値レベルでの差別化を行なうのがこれにあたります。例えば、今では当たり前となったカメラ付き

携帯電話が開発されたときの製品コンセプトは、「持ち歩けるプリクラ（プリント倶楽部）」でした（本章末のコラム参照）。

競争力のうえでは、機能と技術での差別化も、製品コンセプトレベルでの差別化もどちらも同じように大事です。もっと言えば、それらは不可分の関係にあります。製品コンセプトを実現するために技術や機能があり、同時にそれらを1つの方向性のもとにまとめ上げるのが製品コンセプトだからです。

ただし両者には性質上、大きな違いがあるということを理解しておいてください。「軽い」「防水機能がついている」などの技術・機能面での差別化というのは、製品間の違いが誰にでもわかりやすいという特徴を持っています。その多くが、カタログ上のスペックや数字という形で目に見えるからです。要するに、比較のしやすい差別化です。それに対して、「持ち歩けるプリクラ」といった製品コンセプトは抽象度が高いため、製品間での違いが見えにくく、ライバルと比べて何がよいのか特定（比較）しにくいという特徴を持っています。

どちらの面での差別化が競争力を生みやすいのかというのは、製品によって様々ですが、それを考えるときのヒントになる考え方が、第1章で説明した**製品アーキテクチャ**です。現在、多くのエレクトロニクス製品のアーキテクチャが**組み合わせ型**に変化したため、部品を買ってくれば、どの企業でも同じような技術と機能を獲得することが比較的簡単に低コストでできるようになりました。その結果、機能と技術面における差別化以上に、製品コンセプトレベルにおける差別化が製品の競争力を左右するようになったのです。

それに対して、自動車は今も技術や機能それ自体を生み出すのに手間暇がかかる**擦り合わせ型のアーキテクチャ**を維持しているため、エレクトロニクス製品と比べれば、「燃費がよい」「故障しない」といった面での差別化が競争力に直結しやすい製品だと言えます[73]。部品を買ってきて組み合わせたからといって、そう簡単には消費者が満足できる機能を達成できないのが自動車です。当たり前ですが、いくら素晴らしい製品コンセプトであっても、それが物理的に実現できていなければ製品として成立しません。

しかも自動車は、故障すれば命にかかわる製品ですから、顧客が求める物理的な品質水準（耐久性と信頼性）が他の消費財よりも相対的に高いという特性を持っています。

このように品質と競争力の話をするときには、製品が持つ様々な特徴をよく見極めたうえで行なうことが大切です。これは、当たり前のことのように思われますが、意外と見過ごされがちな側面です。

● 高い開発効率（C）

製品開発には、膨大なコストがかかります。自動車だと、新車を1台開発するのに100億円以上は必要だと言われています。投入される開発技術者の給料、研究・実験施設の投資費、試作品をつくるための材料費などが主な費用です。

それらの費用をなるべく抑えながら、高い価値を持つ製品を開発することがものづくり企業には求められます。ライバル企業と比べて少ない投入費用でより多くの製品を生み出せる力があれば、競争上優位に立てるからです。

● 開発スピード（D）

言うまでもなく、製品開発には時間がかかります。一般的に、自動車で4〜5年、エレクトロニクス製品では数ヶ月が必要とされますが、「時は金なり」という言葉があるように、開発期間（開発リードタイム）が短いと様々な点で競争上有利になります。

同レベルの品質の製品であっても、競合より速く開発することができれば、それだけ市場投入時期を早められます。そして、消費者にブランドとして認知してもらえる確率が高まります。また、ライバルよりも早く生産を開始することによって経験曲線効果をより多く享受できますので（第2章）、生産コスト的にも優位に立てます。速い開発スピードがもたらす、このようなメリットを**先行者利益**（first mover advantage）と言います。

他にも、開発期間が短いことによる利点があります。ライバル企業が先に発売した新製品が売れ行き好調のとき、自社でも同じようなものをすぐ

に開発して、追随することができるからです。

製品開発の基本プロセス

　製品開発の作業というのは、工場見学などで現場に足を踏み入れることのできる生産活動と違って、外部の人間が垣間見ることは通常できません。最大の理由は、ライバル企業には知られたくない守秘事項が数多く含まれるということにありますが、アイデアを出したり、企画を練ったりといった目に見えない頭脳労働的な色合いが強いこともあります。それゆえ、読者の皆さんも、開発の現場で実際にどのようなことが行なわれているのかというイメージが湧きにくいと思います。

　加えて、製品開発には不確実性が付きものですから、工場の生産ラインのように連続した綺麗なプロセスで進まないことがほとんどです。産業と製品によっても内実は異なってきます。

　それでも、製品開発業務の時間的な流れを一般化することは可能です。大きく分けると、次の4つの段階からなります（**図表6-1**）。

① **製品コンセプトの作成**

　開発の仕事は、**製品コンセプト**をつくるという企画作業から始まります。製品コンセプトというのは、「持ち歩けるプリクラ」のように、その製品の**本質的な価値**（顧客に提供する便益）を簡単な言葉で表したものです。デザイン画やイメージ図などで表すこともあります。

　製品コンセプトの作成は、これから始まる製品開発プロジェクト全体の

■**図表6-1　製品開発の基本プロセス**

方向性を決めるものですから非常に重要な作業です。家にたとえれば、土台と柱に相当する部分です。ここが揺らぐと、すべてがおかしくなってきます[74]。

　(1)市場のなかでターゲットとする顧客を設定する→(2)そのターゲット全体のニーズを探る→(3)そのニーズを満たす製品コンセプトをつくる、というのが基本的な流れですが、これはあくまでも教科書的に述べたにすぎません。実際には、これらの活動が行ったり来たりしながら創発的に進んでいきます。

②　機能設計

　製品コンセプトが定まれば、次に行なうのは、実際に搭載する機能や技術の選定です。コンセプトを実現させるためには、どのような機能が必要になるのか、どういった技術や部品を開発しなくてはならないのかということを具体的に決めていきます。この段階で、製品のでき上がりをイメージした模型（「モックアップ」と呼ばれます）をつくることもあります。つまり、抽象的な製品コンセプトを目に見える形へと徐々に変換していくのです。こうした作業を、**機能設計**と言います。

　製品に必要な部品や材料を自社内で開発するのか、あるいは外部の企業から調達するのかというようなことも検討します。開発プロジェクトの予算計画や採算性をしっかり検討するのもこの段階です。

③　詳細設計

　機能設計が終わると、**詳細設計**と呼ばれる段階に移ります。機能設計で決まった技術仕様を、設計図の形に落とし込んでいく作業です。昔は、設計エンジニアが紙とペンを使って製図していましたが、今では、ＣＡＤ（キャド）（Computer Aided Design）と呼ばれるコンピュータシステムを使って行なうのが一般的です。

　設計図ができたら、それをもとに試作品をつくって動作確認（テスト）を行ないます。事前に想定したとおりの性能や安全性、耐久性が確保できているのかを１つひとつチェックしていきます。そこで不具合が見つかれ

ばその原因を探り、設計図を修正します。

　こうして「設計図作成→試作→テスト」を何度も繰り返しながら、完成図面へと近づけていきます。実際に材料を使ってモノを製作するという作業ですから、開発費が急速に膨らんでいく段階でもあります。自動車だと、開発試作車を１台つくるのに5,000万円以上はかかります。

④　**工程設計**

　設計図ができ上がれば、工場での量産に向けた準備に入ります。世間ではよく、設計図を描き終えるまでが製品開発の仕事だと思われていますが、それだけでは大量生産を行なうことはできません。開発試作というのは、いわば製品を１つずつ手づくりしているような状態です。ここで終わっていたら、例えばクルマの値段は高級スポーツカー並みに１台数千万円〜何億円となってしまい、庶民の手には到底届きません。だからこそ、コストを下げるための大量生産が必要になるのです[75]。

　工場での生産に必要な各種準備を行なうのも、製品開発の重要な役目です。生産設備・金型・作業員が使う工具などの設計と製作、生産作業指示書（標準作業票）の作成、工程の順番の決定、工場内での設備配置決め等、その内容は多岐にわたります。これが**工程設計**です。工程設計の段階で量産には適さないということがわかり、製品設計それ自体が変更になることもよくあります。そういう意味で、開発試作品と量産品はまったくの別物と言ってもよいでしょう。最後に、実際の生産ラインを使って、量産品の試作を行ないます（**パイロットラン**と呼ばれます）。そうしてでき上がった製品にＯＫが出たら、そこでようやく開発プロジェクト終了です[76]。

　以上のような、製品開発から生産に至るまでの流れのことを、サプライチェーン（第５章）と区別して**エンジニアリングチェーン**（engineering chain）と呼びます（**図表６-２**）。なお、ここでは開発の具体的な進行イメージを頭のなかに描いてもらうことが目的ですから、製品コンセプトの作成→機能設計→詳細設計→工程設計と、エンジニアリングチェーンが綺麗に一直線でつながっているかのように記述しました。しかし現実には、

■ 図表6-2　エンジニアリングチェーンとサプライチェーン

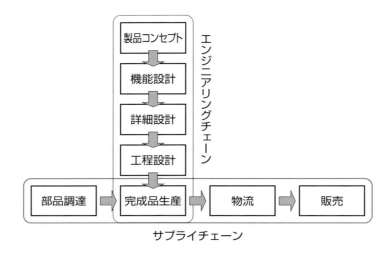

■ 図表6-3　現実的な製品開発プロセスのイメージ

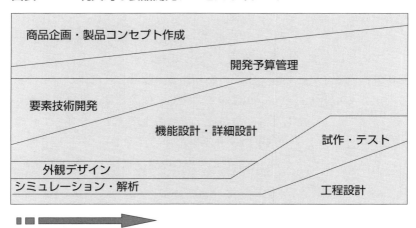

出所：延岡健太郎［2002］『製品開発の知識』日本経済新聞社、図4-1を参考に作成

図表6-3のようにそれぞれの活動が複雑に重なり、幾度も作業が往復しながら開発は進んでいきます。

6-3 製品開発の組織
分業と統合のバランス

次に、製品開発と組織との関係を説明したいと思います[77]。開発作業というのは、つまるところ大勢の人間が関わる組織活動ですから、組織構造の理解が、製品開発についての理解を促します。キーワードは、「**分業**」と「**統合**」です。

▶ 機能をまとめるのが製品開発の仕事

製品開発とは、多様に専門化した業務を束ねる活動だと言えます。専門化にも2つの側面があります。1つは、製品に使われる技術分野や業務の大きな括りによる専門化です。自動車であれば、エンジン技術、ボディ技術、電子技術、デザイン、営業というような区分けです。それにしたがって、エンジン開発部門、ボディ開発部門、デザイン部門、販売部門などの組織が置かれます。開発エンジニアは、基本的にそれぞれが得意とする技術領域を持つ部門に所属することになります。

専門化のもう1つの側面は、開発業務の機能を軸にした分け方です。これは開発プロセスの各段階とほぼ連動しています。つまり、製品企画、設計、試作・実験といった業務の括りに応じて、製品企画部、実験部等の組織が置かれます。

こうして企業の組織は多様に分かれていくわけですが、専門に分かれた個々の組織のことを**機能部門**と呼びます。なぜ専門化するのかと言えば、開発に必要な仕事を**分業**して作業効率を上げるためです。しかし、それぞれの機能部門の仕事だけでは、完成品をつくり出すことはできません。当たり前ですが、分業した後はそれを**統合**しなければなりません。製品開発の仕事とは、言い換えれば機能部門の仕事をまとめ上げることです。

■ 図表6-4　製品開発組織の基本型

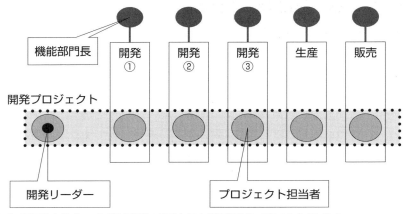

出所：延岡健太郎［2002］『製品開発の知識』日本経済新聞社、図5-6を参考に作成

　図表6-4は、多くの企業で見られる製品開発の組織イメージです。縦に並んで描かれている機能部門を横串で貫いているのが、製品開発のプロジェクトになります。開発プロジェクトには、販売部門と生産部門の人間も関わります。プロジェクトを率いるのが、開発リーダー（開発責任者）です。同時に、それぞれの機能部門にも部を統括するトップ（機能部門長）がいます。

　開発プロジェクトに参加する人にとっては、直属のトップが2人いるわけですから、このような組織を「ツーボス・システム（Two-Boss System）」と呼ぶこともあります。

▶ 機能を重視するのかプロジェクトを重視するのか

　図表6-4に示したイメージが製品開発組織の基本形ですが、企業がそのとき戦略的に何を重視したいのかというのと、扱う製品の特性（アーキテクチャの違い）によって、様々なバリエーションを持つことになります。

■ 図表6-5　機能別組織

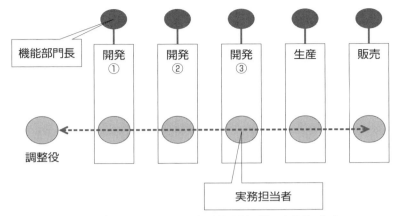

出所：延岡健太郎［2002］『製品開発の知識』日本経済新聞社、図5-6を参考に作成

● 機能を重視した組織

　機能部門は、特定の仕事に特化した専門家の集まりですから、例えば携帯電話メーカーの液晶ディスプレイ開発部門であれば、画質や消費電力といったディスプレイそのものの技術に関する知識が蓄積されていきます。

　したがって、特定技術に絞った性能進化を図りたいときには、担当部門が自らの仕事に集中できるように、機能部門間の独立性が強い組織体制をとることになります。例えば「将来、複数の機種に展開できる圧倒的な低消費電力液晶ディスプレイを開発したい」というような場合です。

　特定の製品を開発する場合、各部門間の橋わたしをする調整役（「リエゾン」と呼ばれます）を置いたり、日々のミーティングなどを通じて行ないます。こういった組織体制を、**機能別組織**と呼びます（**図表6-5**）。

● プロジェクトを重視した組織

　それに対して、ある特定の製品の開発だけをとにかく速く、効率的に行ないたいというようなときには、それぞれの機能部門から選抜されたメンバーが集められて、完全に独立した開発プロジェクト組織を立ち上げることがあります。選ばれたメンバーはプロジェクトの期間中、その製品の開

■ 図表6-6　プロジェクト重視型組織

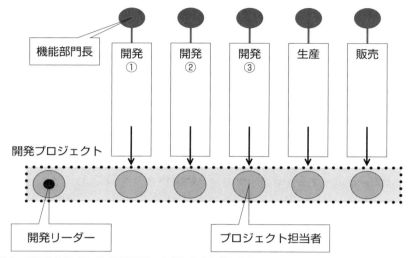

出所：延岡健太郎［2002］『製品開発の知識』日本経済新聞社、図5-6を参考に作成

発に向けた仕事のみに集中します。プロジェクトの独立性と効率性を高めるため、開発メンバー全員が同じ部屋に集まって作業をすることもあります。すると、メンバーは必然的に自分の専門領域以外の仕事のことも考えることになります。その結果、メンバー間の強い協力体制が生まれて、足並みが揃いますので開発プロジェクトが迅速に進んでいきます。このように、プロジェクトのまとまりを高めたいときに適する組織形態が、**プロジェクト重視型組織**です（**図表6-6**）。

● 製品アーキテクチャの違いと組織体制との相性

　機能別組織とプロジェクト重視型組織は、開発する**製品のアーキテクチャの違い**によって、それぞれの製品との相性があります。

　製品に必要な機能と構成部品との関係が比較的明瞭で、部品間のつなぎ方のルールが標準化しているのが**組み合わせ型**のアーキテクチャでした。組み合わせ型のアーキテクチャを持っている製品の場合、つなぎ方のルールさえ守っていれば、個々の機能部門が自由に部品を開発でき、後からそ

れらを組み合わせれば完成品として成り立ちますので、機能別組織が向いています。

反対に、複数の部品の設計を相互調整して、製品ごとに最適設計しないと顧客が満足する性能が発揮できない、自動車のような**擦り合わせ型**のアーキテクチャを持つ製品だと、開発メンバーがお互いの呼吸を合わせやすいプロジェクト重視型組織のほうが適しています。

● **それぞれの組織体制の長所と短所**

以上のように開発組織は、機能別とプロジェクト重視型の2つに大きく分けられますが、それぞれに長所と短所があります。

機能別組織では、特定の技術に関する知識を部門内に蓄積でき、性能進化を速められるという利点があります。したがって、製品に使われる個々の技術の進化スピードが速い業界では、機能別組織をとることが多くなります。パソコンに代表されるICT関連の製品などは、あっという間に様々な技術が陳腐化し世代交代を繰り返していきますので、機能別組織の利点を活かすことができます。反面、別の機能部門や技術の動向をそれほど見なくなりますので（「あえて見なくていい」とも言えます）、製品の総合的な完成度は落ちます。パソコンを使っていると、搭載ソフトウェア同士が干渉して突如動作が止まることがよくありますが、1つにはこういった背景があります。

機能別組織の長所と短所を逆にしたものが、プロジェクト重視型組織です。プロジェクト重視型組織では、製品開発が終了すれば、プロジェクトのメンバーはもともと所属していた機能部門へと戻っていきます。それゆえ、どうしても開発プロジェクトのなかで生まれた様々な技術や知見を組織内に体系的に残すのが難しいという短所を持っています。また、生まれる技術や知識も特定の製品に偏ったものになる傾向がありますので、他の製品への応用展開もしづらくなります。その代わり、個別の製品ごとの完成度は高められます。搭載技術の進化スピードが速い製品の開発にも、プロジェクト重視型組織はあまり向いていません。

■ 図表6-7　開発組織形態の選択

	組み合わせ型	擦り合わせ型
技術の進化スピード　速	機能別組織	ミックス型組織
技術の進化スピード　遅		プロジェクト重視型組織

製品アーキテクチャの種類

出所：延岡健太郎［2002］『製品開発の知識』日本経済新聞社、図5-5を参考に作成

　以上の議論をまとめると、製品アーキテクチャと使われる技術の進化スピードの違いによって、それぞれ適した開発組織体制があるということになります（**図表6-7**）。とはいえ、このような分類は、あくまでも理論上での整理ですので、現実の企業の開発組織が2つに綺麗に分かれているわけではありません。実際には両者をミックスさせた、前の**図表6-4**に示したような組織形態をとっていることがほとんどです。そして、機能別組織的な色合いが強いのか、あるいはプロジェクト重視型に近いのかというのが、企業によっても製品によっても異なってくるのです。

Column　カメラ付き携帯電話の開発物語[78]

　2000年10月、シャープが携帯電話市場に投入しヒットしたのがカメラ付き携帯電話「J-SH04」です。開発が始まった1999年当時、50文字程度の文字情報を携帯電話で送受信するというサービスが立ち上がっており、シャープも大きな液晶パネルを搭載した機種（J-SH01）を出していました。その後、サービス自体も文字だけに限らず、メロディーや画像までも送れるように進化していきます。それに合わせて、液晶画面をカラーにしたモデル（J-SH02）、画面の精度（明るさや表

示色数）をさらに上げた後継機種（J-SH03）の開発へと続きます。しかし、ライバルメーカーも同じように、画面の綺麗さを売りにした製品を出してくるため、その点での強い差別化がだんだん難しくなってきていると開発担当者は感じ始めていました。

そのようななか、次の機種にはカメラ機能を付けるということが新製品企画会議のなかで提案されます。ただしそこで問題になったのは、カメラが付いている携帯電話自体は、じつは他社からすでに出ていたにもかかわらず（1999年9月に京セラが発売）、ほとんど売れていなかったという事実でした。

●カメラ付き携帯電話「J-SH04」

写真提供：シャープ株式会社

その会議の席上、ある社員がふと「カメラ付きの携帯電話って、持って歩けるプリクラですよね」という一言を発します。当時、女子高生の間ではプリクラが大流行していました（最初に登場したのは1995年）。彼女たちが、プリクラのシールを自分の携帯電話の裏に貼って自由にデコレーションしている光景を思い出し、「プリクラをどこでも手軽に撮れて、しかもそれを誰かに送れるようにしたらゼッタイ受ける」と思ったそうです。それに対して、京セラのカメラ付き携帯電話の謳（うた）い文句は「テレビ電話ができる」でした。つまり、あくまでも「通話をする」という従来の電話の価値の延長線上にある製品だったのです。

そうして、他社との差別化を実現するために考え出された製品コンセプトが「持ち歩けるプリクラ」でした。友達同士で写真を撮り合って、それをネットを通じて交換するという携帯電話の新しい価値が生まれた瞬間です。

第6章のポイント

- ✓ 製品開発の巧拙が、品質と価格、製造原価を大きく左右する。
- ✓ 効率性とは相反する性質を持っているのが、製品開発の特徴であり難しさである。
- ✓ 製品開発のプロセスは、コンセプト作成→機能設計→詳細設計→工程設計の4段階からなる。
- ✓ 製品開発組織は大きく、機能別組織とプロジェクト重視型組織に分けられる。
- ✓ 製品アーキテクチャと製品に使われる技術の進化スピードの違いによって、適切な製品開発組織がそれぞれ異なる。

第7章

製品開発と競争力

　製品開発と競争力との関係を考えるときも、QCDという3つの切り口が有効です。消費者に買いたいと思わせる魅力を持った高品質な製品を、安いコストで速く開発できれば、それが競争力につながります。そのためには、開発プロセスにおいてどのような活動が鍵を握るのでしょうか。

7-1 高品質な製品の開発
設計と生産の支え合い

　自分の生活を楽しく便利にしてくれる製品を消費者は求めます。製品というのは、そうした消費者のニーズを満たす便益の集合体です。したがって、提供する便益が消費者のニーズと合致していればいるほど高品質な製品ということになります[79]。

　第3章で見たように品質の概念は、**設計品質**と**製造品質**に分けることができます（図表7-1）。設計品質とは「企業があらかじめ消費者に約束する品質」、製造品質は「生産した後、市場で製品が使用される段階での品質」です。この分類にもとづけば、設計品質をいかに高めることができるかというのが、製品開発の第一義的な役目です。後述するように、製造品質とも関わってきます。

　以下、開発作業の基本プロセス（製品コンセプト作成→機能設計→詳細設計→工程設計）に沿いながら、高品質な製品を開発する際の要諦について見ていきましょう。

■ 図表7-1　品質の連鎖

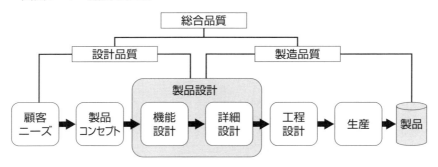

出所：藤本隆宏［2001a］『生産マネジメント入門I』日本経済新聞社、図7.2を参考に作成

製品コンセプトの作成

● 開発の柱は製品コンセプト

　製品の本質的な価値（消費者に提供する便益）を定義したものが、**製品コンセプト**でした。ここでいう価値とは、製品の物理的な特徴だけに囚われていない価値です。高品質な製品をつくるにあたり、コンセプトの大切さはどれだけ強調しても強調しすぎることはありません。世の中でヒットし、ロングセラーと言われている製品を見ると、素晴らしい製品コンセプトにもとづいていることがほとんどです。そしてよい製品コンセプトには、少なくとも次の2点が備わっていると言えます。

- **消費者に提供する価値が明確に示されている**
- **他の製品と十分に差別化できている**

　まずもって価値が明確でないと、開発プロジェクトの方向性が定まりません。製品コンセプトを中心に、すべての作業が回っていくからです。前章で述べたように、製品開発作業は不確実性に満ちあふれています。途中で迷ったり、つまずいたりすることの連続ですから、そのときに拠り所となる製品コンセプトがあいまいでぐらついていたら話になりません。

　明確であるということは、製品コンセプトを通じて「**その製品が、誰に対して、どんな価値を売っているのか**」を頭のなかでリアルにイメージできるということです[80]。いわゆる**5W1H**（When：いつ、Where：どこで、Who：誰に、What：何を、Why：なぜ、How：どうやって）の柱がしっかりしていることと言い換えてもよいでしょう。5W1Hというのは、情報を相手に伝えるときの型のようなものですから、製品コンセプトの良し悪しを判断する際にも援用できます。

　そういう意味で、第6章で紹介した「持ち歩けるプリクラ」という携帯電話のコンセプトは明快です。ターゲットとした女子高生が、いつでもどこでも自分のケータイで写真を撮り、それを友達同士で送り合って楽しんでいる姿が脳裏に浮かびます。

第2に、他の製品との差別化がしっかりできていないといけません。明確な製品コンセプトであっても、それがライバルメーカーと同じようなものだったら意味はありません。カシオのG-SHOCKの「落としても壊れない丈夫な時計」というコンセプトも、時計は落とせば壊れるというのが常識だった開発当時（1983年）では画期的なものでした。

　ただしここで問題になるのは、製品コンセプトというのはあくまでもアイデアにすぎませんから、それが市場で受け入れられることがわかると、ライバルに真似される可能性が大いにあるという点です。何か新しいコンセプトの製品が出たら、それを追いかけて数多くの類似品が市場にあふれかえるというのはよくあることです。そうなれば、競争が激化しますので、利益獲得の機会が徐々に減っていきます。それを避ける方法の1つは、製品コンセプトに自社しか持っていない独自の技術を絡めることです。コンセプトを実現するためにはどうしても欠かせない技術があり、それを開発できるのが自社だけだとしたら、ライバルに真似されるのを防ぐことができます。もちろん、技術というのは多かれ少なかれ真似されますので100％防御することはできませんが、少なくとも時間を稼ぐことはできます。その間に、先行者利益を得られます。

　2000年当時、「カメラ付き携帯電話」を開発したシャープには、他社よりも優れた液晶ディスプレイ技術という大きな武器がありました。カメラで撮った画像をカラーで綺麗に再現できなければ、「持ち歩けるプリクラ」というコンセプトは成立しません。「21世紀に必要とされる低燃費のクルマ」というのが基本コンセプトだったトヨタのプリウス（1997年〜）も、高度なハイブリッドエンジン技術があってこそ実現できました。このように、技術レベルでの差別化を製品コンセプトと結びつけることができれば理想的です。

● 製品コンセプトの作成方法
　では、優れた独自性のある製品コンセプトを生み出すにはどうしたらいいのでしょうか。これに関しては、残念ながら唯一最善の方法はありません。逆にないからこそ、成功すれば競争力を獲得できるのです。

定量的なアンケート調査、対顧客インタビューなどを通じて市場のニーズを探り、そこから製品コンセプトへつなげていくというのが、マーケティングの本などに書いてある王道戦略です。とはいえ、顧客の意見を聞けば、すぐさまニーズがわかるというほど単純な話ではありません。たいていの場合、消費者は、既存製品に対する今ある不満（**顕在ニーズ**と言います）を好き勝手述べるにすぎません。消費者の意見は参考にはなるでしょうが、今までにない斬新な製品コンセプトを生み出すためには、消費者自身も気がついていないニーズ（**潜在ニーズ**と言います）を探り当てる必要があります。

　しかも最近はＩＣＴの発達により、どの企業でも販売・顧客データの収集が比較的容易になりました。ですから、ただ単に市場の声を集めるだけでは独自性のあるコンセプトを生み出すことは難しいでしょう。集めたデータを独自の視点から読み解かなければなりません。そこで、開発担当者自身が街などに出て人々の行動を直接観察し、そこから新たなニーズやヒントを探るということもよく行なわれます。これは行動観察やエスノグラフィーなどと呼ばれるニーズ探索手法で、最近特に注目されています[81]。

　いずれにせよ、様々な方法を組み合わせながら消費者が何を求めているのかを洞察、推定し、製品コンセプトの形へと落とし込んでいきます。その際、**ターゲットとニーズを明確に絞る**ことが重要です。カメラ付き携帯電話のケースで言えば、ターゲットは「女子高生」、ニーズは「プリクラを手軽に交換したい」です。

　特定の市場とニーズに集中するというのは、いわば**製品価値の引き算作業**を行なうということです。製品開発では得てして「あれもしたい、これもしたい、こういう人にも届けたい」と価値の足し算になりがちです。「多様なニーズに対応した製品」というのは、言い換えれば「凡庸で個性のない製品」だとも言えます。器用貧乏な製品では、大きな差別化は実現できません。

　ターゲットとニーズが絞られているがゆえに、製品の価値が消費者にはっきりと伝わり、それが思わぬ市場拡大をもたらすこともあります。カメラ付き携帯電話の場合には、当初のターゲット（女子高生）とは違う病院

関係者の目にもとまりました。病院で専門医が不在のときに急患が出ると、患者のＭＲＩやＣＴ画像をカメラで撮り、それをメールと共に外出中の医者に送って初期診療の指示を仰ぐという使い方がなされたのです。これも、最初に価値を明確に絞り込んでいたからこそ生まれた結果だと言えます。

　これまで数々のヒット商品を世に送り出したアップル創業者のスティーブ・ジョブズ（1955-2011年）は、「なにをしないかを決めるのは、なにをするのか決めるのと同じくらい大事だ。会社についてもそうだし、製品についてもそうだ」と述べています[82]。**禁欲的に価値を絞り込む**ということが、明確な製品コンセプトへとつながっていきます。

● コンセプト創造の鍵

　コンセプト創造に最善の方法はないと述べましたが、外してはいけないポイント（原理原則）はあるように思います。それは、**「人間の欲求の本質は、いつの時代であっても変わらない」**という点ではないでしょうか[83]。おそらく、江戸時代の人にスマートフォンをわたしたとしても、現代のわれわれと同じように喜んで使うはずです。日本史の授業で習ったと思いますが、江戸時代には「瓦版」と呼ばれる情報紙（事件や天変地異、火事などの速報）が街角で売られ人気を博していました[84]。そのベースにあるのは、世の中の情報を手軽に知りたいという人間の変わらぬ欲求です。つまり、どういったことに喜怒哀楽を感じるのかという人間の本性は、時代が変わってもそう簡単には変わらないものです。それゆえ、人の本性の理解を抜きにして表面的なニーズをいくら探っても、本質的な製品コンセプトにたどりつくことはできないでしょう。

　ホンダ創業者の本田宗一郎は、同社の開発業務を率いる本田技術研究所のことを「技術の研究をするところではない。人間の研究をするところである」と喝破していました[85]。製品開発とコンセプト創造の本質を突いた言葉だと言えます。さらに彼は、自著のなかで次のようにも述べています。

　「やはり人間を本当に理解するのが技術の根本原則で、人間を本当に考えない技術は技術でも何でもない。だからどんないい技術の持ち合わ

せがあっても、人間のために表現しないのなら技術がないのと同じなんだ」[86]

本田宗一郎というと、世間では「天才的な技術屋」としてのイメージが強いようですが、それ以上に彼が優れていたのは「その技術が顧客にどのような価値をもたらすのか？」ということを本能的に見抜ける力だったのではないかと思います。

▶製品コンセプトから機能設計へ

製品コンセプトができたら、次は**機能設計**です。コンセプトをもとに、どのような機能が必要なのか（「機能要件」と言います）を考え、それを実現するための技術目標を見据える作業です。ここでは、マツダのスポーツカー「ロードスター」の開発ケースを使って解説しましょう。

● 「人馬一体」を実現するために

マツダが、1989年に発売を開始したクルマがロードスターです。開発当時、日本経済はバブル真っ盛り、各社がスポーツカーを競い合うように出していました。同時にその多くが、馬力や加速力といった、スポーツカーとしてわかりやすい技術性能を全面にアピールしたものでした。それに合わせて価格も上がり、バブル経済の追い風もあって、世の中のスポーツカーは高機能・高級化路線をたどっていきます。しかし、そういった時流に逆らうようにして、マツダでは新しいスポーツカーの開発プロジェクトが始まりました。

開発に際して設定されたロードスターのコンセプトは、「**人馬一体**」でした。

●ロードスター（初代）

写真提供：マツダ株式会社

開発リーダーだった平井敏彦は、その狙いを次のように述べています。

「我々が狙いとしたＬＷＳ（ライトウェイトスポーツカー）は、確かにスポーツカーではあるが、何が何でも速く走れば良いという類のスポーツカーではない。私は、このクルマのコンセプトとして規定した『クルマに乗る事、ハンドルを持つ事がこの上なく愉しくさせてくれるようなＬＷＳ』…そのようなクルマを是が非でも創りたいと思った。乗り手の熱き思いがクルマに伝わり、それこそ、『人馬一体』となって大自然の中を駆け巡るという、からだ全体に走る歓びが感じられるクルマ創りを目指したかった。そのため私は『人馬一体』をロードスター開発の最も重要なキーワードとして定めたのである」[87]

提供する価値が明確で、高級・高性能化路線へと走っていたライバルに対しても差別化できている見事な製品コンセプトです。それは現在の４代目ロードスター（2015年〜）にも引き継がれており、今では「人馬一体」が、マツダ車全体を貫くコンセプトにまで昇華されています。

人馬一体を表現するため「一体感」「緊張感」「走り感」「爽快感」「ダイレクト感」といった要件が抽出され、それを軸にロードスターの具体的な技術仕様が決まっていきました。例えば、爽快感を出すためには「屋根を開けることのできるオープンカー」に、走り感を演出するには「座席の位置を地面になるべく近づける」といった具合です。これらの作業を、第３章で紹介したＱＣ７つ道具の１つの「特性要因図」を模した**図表７-２**のような絵を描きながら行なっていったそうです。

機能設計の段階で、実際にどういった部品や材料が必要になるのかということも検討します。同時に、それらの部品を社内で開発・設計するのか、もしくは社外から調達するのかということも決めていきます。これを**内外製区分の決定**（make-or-buy decision）と言います。この判断が、後述する開発生産性（開発コスト）に影響を与えます。また、自動車やエレクトロニクス製品の場合、製造原価の70〜80％を原材料や部品の調達費（材料費）が占めると言われていますから、量産段階での生産コスト、つまり**製

■図表7-2　ロードスターの機能設計

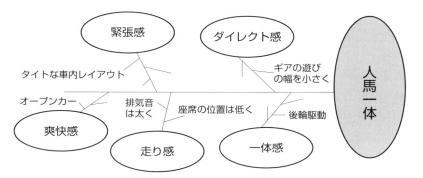

出所：平井敏彦他/小早川隆治編［2003］『マツダ/ユーノスロードスター』三樹書房、21ページの図などを参考に作成

造原価を左右する大変重要な作業です。

　これにより、おおよその生産コストが把握できるので、開発プロジェクトの採算性や価格設定の検討も行なわれます。場合によっては、この時点でやっと開発プロジェクトの公式承認が下りることもあります。言い換えれば、製品コンセプトの作成段階で消えていくプロジェクトが多いということです。

　誰でも気軽に乗れるスポーツカーが目標だったロードスターの開発では、お金のない若者でも買えるように、価格も安く抑えることが求められました。そのため装備も必要最小限にして、走行性能に影響を及ぼさない灰皿などの内装部品は、10年以上前のクルマに使われた古いものを再利用するといった割り切り設計（引き算の設計）が随所で行なわれました。そうすることで、製造原価の低減を実現させたのです。

● 原価企画という考え方

　このように企画・設計の段階から製造原価を考慮し、利益創出（原価低減）につなげていく活動のことを**原価企画**（target costing）と呼びます。第4章で説明した標準原価計算による原価管理の目的は、基本的には量産段階での原価維持とその低減です。それに対して原価企画では、ものづく

りの上流段階で目標となる製造原価（**目標原価**）を設定し、それに向かって開発の早い時期から原価をつくり込んでいきます[88]。これにより、積極的な原価低減を実現していくことが可能になります。

● 開発リーダーの役割と力

　製品コンセプトを正確に翻訳し、具体的な機能へと変換していくときにとりわけ重要な役割を果たすのが、プロジェクトを率いる**開発リーダー**です[89]。

　ロードスターのような擦り合わせ型のアーキテクチャを持つ自動車の開発では、機能間の相互依存性が高いため、多くのトレードオフ問題が生じます。例えば、エンジンの馬力（パワー）を上げようと思えば、走っているときにそれだけボディ全体に負荷がかかることになりますから、その強度を上げなければなりません。そのために補強材を入れれば、車重が増します。クルマが重くなれば、燃費が悪くなってしまいます。それ以外にも、静かさや乗り心地、操縦安定性といったクルマに対する様々な要求性能は、密接に絡み合っています。このような複雑なトレードオフ問題は、機能設計の段階で処理しておく必要があります。簡単に言えば、機能として何を優先するのかということをはっきり決めておくのです。上のケースで言えば、例えば「今回のプロジェクトにおいて低燃費は優先事項でない」と明確化することが大切です。そうしておかないと、価値がぼやけた中途半端な製品になってしまいます。

　開発に関わる多くのメンバーを納得させ、そうした決断をすることができるのは、開発リーダー以外にいません。そして、そのときの判断基準の拠り所になるのが、**製品コンセプト**です。マツダのロードスターの開発では、車体に貼り付ける防振・防音材は極力省かれましたが、これも「人馬一体」の軽快な走りを実現するための車重軽量化が目的でした。その分、室内がある程度うるさくなるのは仕方がないという判断を開発リーダーが下しました[90]。

　このように開発リーダーには、製品コンセプトの意味と背景を深く理解し、開発メンバー全体の意思疎通とベクトル調整を図れる高い能力が要求

されます。オーケストラで言えば、指揮者のような役割を果たすのが開発リーダーです。特に、今までにない新しいコンセプトを軸にした製品の開発では、成功に対して誰もが不安になるため、少し強引なまでにメンバーを引っ張る強力な開発リーダーが必要だと言われます[91]。

▶機能設計から詳細設計へ

　設計に関する基本項目と技術目標値が決まれば、いよいよ設計図面をおこす**詳細設計**の段階に移ります。最近は、前章でも触れたように三次元ＣＡＤと呼ばれる設計用のコンピュータシステムを使って、立体的な完成品のイメージや動きを画面上でバーチャルに確認しながらの製図作業が主体です。

　設計図が完成すると、そこから実際に試作品をつくり、様々な検証実験を行ないます。いくらコンピュータ上で事前に確認できると言っても、やはり実物を使った検証は欠かせません。設計図どおりにきちんと動くのか、手に触れたとき、目で見たときの質感はどうなのか、製品コンセプトで狙った機能がしっかり発揮されているのか、耐久性や安全性に問題はないのかといった項目を１つずつ確認していきます。そこで問題が見つかれば、設計部門にフィードバックして設計図を修正し、再び試作品の製作と検証を行ないます。最終的に問題がなくなるまでこれを繰り返し、完成図面へと近づけていくのです。

▶詳細設計から工程設計へ

　完成図面ができても、製品開発作業はまだ終わりません。工場での量産に向けた準備作業が残っています。製品設計者と生産技術者が協力して行なう**工程設計**と呼ばれる作業です。効率的な大量生産を実現するためには欠かすことのできない大変重要な作業です。具体的には、以下のような作業が含まれます。

● 加工方法の選択

　自動車の生産では、鉄やプラスチックなどの材料を、プレス・切削・射出成形・鋳造・鍛造・溶接・研磨などと呼ばれる様々な加工技術を駆使して、２万～３万点に及ぶ部品へと変換します。それらを組み立てて完成車に仕上げていくわけですが、どういった方法を使えば図面どおりの部品の形状に効率よく加工できるのかを考えて選択し決定します。

　部品や素材の新しい加工方法を開発することもあります。コストや技術（品質）を考えると、自社内で量産加工するよりも外部の企業に任せる（**外注加工**と呼びます）ほうがよいと判断することもあります。

● 生産工程の流れとレイアウト設計

　自動車だと、鉄板のプレス→ボディ溶接→ボディ塗装→エンジン・タイヤ・内装部品などの取り付け（組立）→最終検査というのが基本的な生産工程の流れになります（**図表７-３**）。そこに、エンジンなどの部品（ユニット）加工工程が加わります。これらの工程の順番や、工場内のレイアウトを決めるのも工程設計の仕事です。どのような手順でつくったら最も生産性が上がり品質が安定するのか、そして作業員の動線と工場のスペース効率を考慮しながら工程の配置を設計していきます。

● 標準作業の設計

　上記の作業と並行し、それぞれの工程ごとに作業者が守るべき**標準作業**を設計し、標準作業票の作成も行ないます。それができれば工数が計算できますから、より正確な原価の把握も可能になります（第４章）。

● 生産設備・器具・工具などの設計と製作

　量産に必要な機械設備や作業者が生産現場で使う工具なども事前に準備しなければなりません。プレス作業に欠かせない金型や、加工物の位置決めを補助する治具と呼ばれる器具の設計・製作も行ないます。製造原価のなかの固定費の大部分を、こうした設備の減価償却費が占めますので、コスト管理上でも重要な役割を担います。

■ 図表7-3　自動車の生産工程

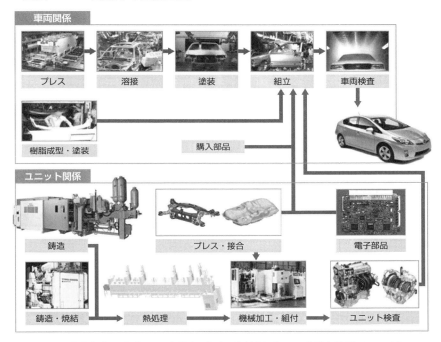

出所：トヨタ自動車［2013］『トヨタ自動車75年史　資料編』（トヨタ自動車発行）82ページ

　これらの製作は社内の生産部門が直接行なうこともありますし、外部のメーカー（金型メーカーや設備メーカーなど）に依頼することもあります。いずれにせよ、設備や器具の**製作能力**が完成品の品質とコストに大きな影響を及ぼします。例えば、複雑な形状をしたデザイン性の高い製品をデザイナーや設計者がつくりたいと思っても、その形を金属の板から繰り返し正確に打ち抜くことのできる金型ができなければ実現は無理です。試作レベルでは可能だとしても、大量生産には向かない製品ということになってしまいます。逆に、金型製作の技術が高ければ、それだけ製品設計の自由度が増します。これは、先述した加工技術に関しても同じです。新しい素材を製品に取り入れたくても、それをしっかり加工できる技術を生産部門が持っていることが前提になります。つまり、高い生産技術力が高品質な

製品設計を支える（manufacturing for design）のです。

● 設計部門と生産部門の支え合い

　同時に、設計者は生産現場で生産しやすい製品設計（design for manufacturing）を心がけなければなりません。作業者が組み立てにくい複雑な設計になっていると作業ミスが起きやすくなりますから、**製造品質**にも影響が出ます。当然、**生産性**も悪くなります。こうした場合には、生産部門からの指摘によって設計図が修正されることもあります。

　このように、設計図ができてそれを一方的に生産部門にわたしさえすれば、簡単に大量生産が実現できるわけではありません。特に、自動車のような擦り合わせ型のアーキテクチャを持つ製品の場合、高品質なものづくり実現のためには、**設計部門と生産部門の緊密な連携**（製品設計と工程設計の擦り合わせ）が不可欠です。こうして、設計品質と製造品質の双方が高まっていきます。これに関して、ロードスターの開発リーダーだった平井敏彦の以下のような発言が象徴的です。開発当初、ロードスターの設計は外部の会社を最大限に活用しながら行なうというのが、社内で企画承認を得るための条件だったそうです。

　　「プロジェクトがスタートして私にとっての最初の難問は、開発委託会社から送られてきたプリ・プロトタイプ（味を見るための試作車）の設計図を見て、いかに好意的な評価をしたとしても、とてもそれをベースに量産車の開発が可能な設計図とは考えられなかったことである。改めて生産を前提としたクルマの開発が社外の開発委託会社に任せられるほど簡単ではないことを痛感させられると共に早急に開発業務を社内へ切り替えないと、取り返しのつかない事になると気付いたのである」[92]

　以上のようにして、すべての生産準備が終わると、量産するための実際の生産ラインを使って試作（パイロットラン）を行ないます。そこで最終的な品質をチェックし、量産可能という判断が下されれば、開発プロジェクトは終了です。

7-2 製品開発の効率性
開発工数をいかに低減するか

▶研究開発コスト

次に学ぶのは、製品開発のコスト管理です[93]。企業が研究開発費（通常、損益計算書では、営業費のなかに組み込まれます）として計上する費用の内訳は、大きく分けると次の3つです。

- **人件費**：開発プロジェクトに関わる人員に支払われる給与
- **設備投資費・減価償却費**：研究施設、実験施設、試作品工場の建設投資費、製図用のコンピュータとソフトウェア、試作用の金型費や工具の購入費など
- **材料費**：試作用の材料と部品費。これが開発費の大半を占めることが多い

これらの費用全体から製品別の開発プロジェクトにかかったコスト（製品開発費）を切り出して把握するわけですが、すべてを正確に切り分けるのは困難だとされています。例えば、通常は複数の開発プロジェクトで研究施設や実験施設を共有しますから、それらの施設費用をどうやって製品ごとに分配すればいいのかは難しいと言えます。そこで一般的には、次に説明する**開発工数**を目安に、個々の開発プロジェクトに要したコストを算出します。

▶開発生産性と開発工数

生産性とは、第4章で説明したように、ものづくりに必要な要素（イン

プット）と、生み出す産出高（アウトプット）の比率を表すものです。製品開発の場合、1つの製品開発プロジェクトに要する費用（コスト）が少なければ少ないほど、**開発生産性**が高いと表現できます。

開発費は、人件費・設備費・材料費に分けられますが、そのなかでも設備費は、上で見たように個別プロジェクトごとに把握するのが難しいという性格を持っています。そこで、開発生産性を測る指標として多く用いられるのが、開発従事者の労働時間をもとに計算する**開発工数**です。

開発工数は、開発プロジェクト1本あたりに必要な人員の延べ労働時間で表します。あるプロジェクトが完了するまでに、500人の担当者が1人あたり平均して2,000時間働いたとしましょう。そうすると、開発メンバーの延べ労働時間は、500人×2,000時間＝100万人・時間となります。この数値が開発工数です。これが少なければ少ないほど、そのプロジェクトは開発生産性が高いということになります。

ライバル企業よりも開発生産性が高ければ、それだけ開発コストを抑えられます。その分、製品価格を引き下げたり、あるいはモデルチェンジの頻度を増やしたりすることも可能になりますから、それだけ市場で競争優位に立てます。

▶開発生産性を左右する要因

では、開発生産性を上げるにはどうしたらいいのでしょうか。以下では、開発工数を上下させる主な要因について見ていきます。

● 部品共通化

1つ目が、部品共通化の側面です。共通化にも、製品（異なるモデル）間での共通化と、世代間での共通化の2種類があります。新製品を開発する際に、他の製品や前世代のモデルで使われている部品を流用することができれば、その部品分の開発工数を減らせます。こうした共通部品が増えれば規模の経済が働きますから、その部品の生産コストも下がります。しかしここで気をつけるべきは、該当部品の開発工数が減る以上に他の部品

の工数が増えてしまわないように注意することです。特に擦り合わせ型のアーキテクチャを持つ製品の場合はそうです。

例えば、完成品を構成しているＡ部品とＢ部品が機能的に強い依存関係にあるとします。その場合、2つの部品は相互の動きを調整しながら、最適設計する必要があります。そのことを考えずに、一方的にＡ部品は他のモデルから流用すると決めれば、Ｂ部品はそれに合わせて必要以上に複雑な設計を強いられるかもしれません。そうなれば、Ａ部品の工数低減以上に、Ｂ部品の工数が増える可能性さえあります。結果、トータルとしてはコストアップになってしまうのです。つまり、部品共通化を工数低減に結びつけるためには、**その部品と他の部品の相互依存性が強くない**というのが条件の1つになります。

もう1つは、その部品の開発工数がもともと大きく、それを他の製品と共通化することによって、かなりの工数低減効果が見込まれるときです。自動車で言えば、基本性能を左右するプラットフォームと呼ばれる、ボディの骨格をなす部分がそういった部品にあたります。プラットフォームの開発には膨大な費用がかかるため、近年自動車メーカー各社は車種間での共通化を盛んに進めています。

ただし、共通部品を使うことのデメリットがあります。それは、うまく開発工数や生産コストを低減できたとしても、**差別化が犠牲になる可能性がある**という点です。要するに共通部品を使いすぎると、他の製品と似たようなものになってしまう危険性をはらんでいるということです。いくら開発コストが下がっても、併せて製品としての魅力も低下してしまっては意味がありません。したがって、製品の本質的な価値をつかさどるような重要部品を共通化するときには、とりわけ慎重さが要求されます。

以上のように、部品共通化を進める際には、コストと競争力のトータルバランスを考慮しながら行なわなければなりません。

● 部品メーカーの役割

部品を外から購入しているときには、部品メーカーの役割が開発工数に影響を与えます。部品購買の仕方も、いくつかのパターンに分かれます。

第1に、部品の開発・生産の双方を部品メーカーにすべて任せるやり方です。これにより、自社内の開発工数は確実に減ります。ただしこの場合にも、部品共通化の問題と同様に、その部品の機能的独立性が強いということが基本条件となります。なお、このような購入部品が多くなればなるほど、製品の設計は組み合わせ型のアーキテクチャに近づいていくということがわかると思います。

　第2の方法は、部品の基本的な設計を部品メーカーと共同で行ない、最終的な詳細設計と生産は部品メーカー側に任せるパターンです。これを、**デザイン・イン**（design in）と呼びます。自動車のような擦り合わせ型のアーキテクチャを持つ製品では、このやり方が完成品の品質向上と開発工数の削減に寄与すると言われています。部品メーカーが完成品の開発に深く関与することによって、他の部品とのバランスを視野に入れながら担当部品の設計ができるからです。同時に、部品メーカー側も自社の工場で生産しやすい設計にできるため、最終的な部品価格の低減にも結びつけられます。

　ただし、これにも条件があって、部品メーカーが高い開発設計能力を持っており、完成品メーカー側の設計意図を十分に理解してくれているというのが基本です。それがないと、結局は自社内ですべての設計を行なったほうが効率はよいということになってしまいます。

● 製品バリエーションの程度

　ここまでは、どちらかと言うと製品の技術的な側面と開発工数との関係について見てきましたが、製品企画の巧拙も工数に影響を与えます。

　1つの製品の設定バリエーション（仕様数）が多くなればなるほど、基本的にはそれに比例して開発工数は増加します。スマートフォンで言えば、外装色や搭載メモリーの容量、画面の大きさ、クルマだとボディ色、エンジンの排気量、シートや装備の違いなどが、バリエーションにあたります。

　開発コストを考えると設計側としては、バリエーションの数は少ないに越したことはありませんが、それでは顧客の多様なニーズには応えられないというジレンマに直面します。かといって、消費者が望む以上に選択肢

の数を増やしすぎてもだめです。いわゆる**過剰品質**という問題が起きます。

したがって、必要以上のバリエーション過多は避けつつも、開発工数との兼ね合いを図りながら、適切な仕様数を設定することが求められます。製品企画担当者のニーズと技術を見通す力量が問われます。

製品バリエーションの設定は、開発コストだけでなく生産コストにも響いてきます。製品が多様化すれば、それが規模の経済性を圧迫するというのはこれまで説明してきたとおりです。くどいようですが、**大量生産を行ないながら、同時に多様化する製品のコスト上昇をいかに抑えるのか**という点が、現代のものづくり企業の競争力の鍵を握っています。

● 開発リーダーの力

製品開発の仕事とは機能部門の業務を1つにまとめ上げることですから、開発メンバー間の活動調整に時間と手間がかかれば、それだけ工数が増えていきます。この調整をスムーズに進める際に決定的に重要なのが、前節でも述べた開発リーダーの力です。

開発プロセスの各段階、各機能部門内での担当や役割の違いなどによって、開発メンバーの間で様々な意見衝突や摩擦が生じるのが普通です。担当者の専門内容によって、使われる言葉や表現方法も異なります。例えば、デザイナーは、「重厚感のあるスタイル」や「しなやかで躍動的」といった感性を軸にした表現をするかもしれませんが、設計エンジニアは「板厚○○ミリ」「弾性係数○○」のような具体的な数値で同じことを言い表します。そこで、両者の意思疎通を図る通訳のような役目を果たすのが開発リーダーです。

したがって開発リーダーには、開発に必要な多くの領域と技術に精通した知識、マルチリンガル（多言語使用者）のようなコミュニケーション能力が求められます。そうした力のある開発リーダーの存在がプロジェクトをスムーズに進めるための潤滑剤となり、工数低減に大きく寄与するのです。

7-3 製品開発期間の短縮
作業の並行化と問題解決の前倒し

▶ 開発期間と競争力

　製品開発の競争力指標の3番目が、**開発期間**（開発リードタイム）です。これは開発プロジェクトのスタートから完了までに要する時間のことですが、工場での生産と違って、その起点がどこにあるのかを把握するのは、なかなか難しい側面があります。仮に、誰かが新製品の企画やコンセプトを思いついた瞬間だとしてもそれがいつなのか、あるいは、そもそも発案者がいったい誰なのかを特定することさえできないこともよくあります。したがって、開発期間の話をするときには、最初にしっかりと定義をしておくことが必要です。そうしないと正確な議論ができません。

　通常は、公式の製品企画会議が社内で初めて行なわれた時点（製品コンセプトの検討開始段階）をプロジェクトのスタート時点とするのが一般的です。いずれにせよ開発期間が短いと、以下のような利点があります。第6章でも述べましたが、改めて確認しておきましょう。

● 先行者利益

　ライバル企業よりも早く新製品を市場投入できれば、それだけ消費者への認知力を上げられるので有利です。後から同じような製品が登場したとしても、やはり最初に発売した企業の製品のほうが強いブランド力を獲得できる可能性が高いと言えます。また、生産開始時期が早ければ早いほど、経験曲線効果をより多く得られますので、生産コストも低く抑えることができます。

● ライバルの動向に素早く対応できる

 とはいえ、いつも一番乗りで製品を市場投入できるわけではありません。しかし開発期間が短ければ、これまでにない新しい製品の発売でライバルに先を越されたとしても、素早く開発を行なって反撃することができます。しかも後から追いかける場合には、その製品が売れることがある程度見込めますので、ニーズの不確実性の問題を避けられます。また、先行企業が持っている技術的なノウハウを利用できるかもしれません。

 このように新製品開発においては、後発者ゆえの優位性もあります。

● ニーズの予測が正確になる

 開発プロジェクトは、市場のニーズを探るところから始まりますから、言い換えるとそれは、必要な開発期間分だけ未来のニーズを予測するという作業です。原則として、この期間が短いほど予測の精度が上がります。それだけ市場でのヒット確率が高まることになります。

▶ 開発期間の短縮方法

 では、どうすれば開発期間を短縮できるのでしょうか。ここでは代表的な2つの方法を紹介したいと思います。

● コンカレント・エンジニアリング

 コンカレント・エンジニアリング（concurrent engineering）と呼ばれる開発手法があります。これは、製品開発プロセスの各段階（製品コンセプト作成・機能設計・詳細設計・工程設計）の作業を並行して進めるやり方です。日本語では、「同時並行設計」と呼ばれます。各機能部門が自分の担当の仕事が終わってから、それを次の部門に引きわたすのではなく、各部門が同時並行的に作業を行なうのです。そうすれば、**図表7-4**のように全体の開発期間が短くなります。

 とはいえ「言うは易し、行なうは難し」です。例えば、製品コンセプトが最終的に固まっていない段階から、機能設計を開始するとしましょう。

■図表7-4　コンカレント・エンジニアリング

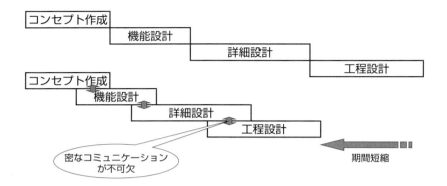

しかし、途中で製品コンセプトが大きく変更された場合には、それまでに行なった設計作業が水の泡となる可能性があります。そうなれば、開発コストも上がりますし、メンバーが混乱して逆に開発期間が延びてしまうかもしれません。それを避けるために重要なのが、各機能部門間での信頼関係の構築と密なコミュニケーションです。

　コンカレント・エンジニアリングというのは、いわば後工程部門のフライング・スタートですから、前部門の動きとタイミングが合っていなければなりません。陸上のリレー競技と同じで、バトンを素早くわたすには、前走と後続の走者のあうんの呼吸が必要です。そのために、常に両者の間で相互に情報交換を行ない、各部門で何が起こっているのか、それがどうして起こっているのかということをしっかり共有する仕組みをつくっておくことが不可欠です。また、どういうときに前の部門で作業に変更が起きやすいのかというような過去の経験をデータベース化しておくことも重要になります。

● コンカレント・エンジニアリングの付随効果

　コンカレント・エンジニアリングは、開発期間の短縮だけでなく品質向上とコスト削減効果ももたらします。製品設計と工程設計の擦り合わせが重要だと前に述べましたが、コンカレント・エンジニアリングを導入する

ことにより、それぞれの担当者が早い段階から接触できます。

そうすると例えば、効率的な生産につながる設計要望を事前に生産技術者から設計担当者に伝えることも可能になります。設計図がすべてでき上がってからだと、大きな設計変更ができないこともありますし、できたとしても余計な開発コストが生じます。万が一、量産に適さない製品設計になってしまえば、生産コストの上昇と製造品質の低下も招きます。コンカレント・エンジニアリングをうまく行なえれば、こうした事態を回避することができます。

● フロントローディング

このように、後になって起こりうる問題をなるべく早い段階であぶり出し、事前処理しておく手法を**フロントローディング**と呼びます。英語で書くと front-loading ですから「前方での仕込み」ということになります。

製品開発では、作業が進めば進むほど設計変更に必要な工数が増えていきます。わかりやすいのは、試作品の製作です。試作品をつくり終えた後に設計に問題があることがわかれば、設計と試作の両方をやり直さなくてはなりません。試作品を一度だけ製作して、その後すぐに工程設計に移行できるのが理想的です。

その状態に近づけるため、設計段階で各専門領域の担当者が緊密な連携をとり、あらかじめ問題を潰しておくのです。例えば自動車では、ボディの設計と、様々な電気信号を伝えるためにボディの隙間に通す「ワイヤーハーネス」と呼ばれる電線の設計作業があります。2つの設計担当者同士のコミュニケーションがうまくとれていないと、試作車をつくる段階でボディとワイヤーハーネスの形状が合わないという事態（部品同士の干渉問題）が起きてしまいます。そうなれば、設計変更と再度の試作が必要になります。これも、担当者同士が早い段階から連携し、設計図を照らし合わせていれば避けられることです。フロントローディングを進めることによって製作する試作品の数が減れば、それだけ開発コストの削減にも大きく寄与します。

こうしたフロントローディングを強力に進めるためのツールとして、コ

■ 図表7-5　フロントローディングによる成果

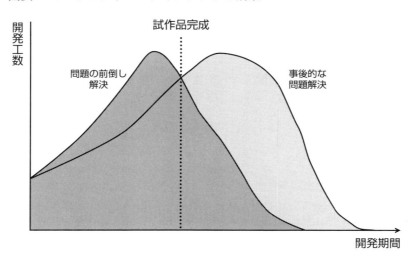

出所：延岡健太郎［2002］『製品開発の知識』日本経済新聞社、図6-2を参考に作成

ンピュータによる設計システムの導入が有効です。これにより、設計担当者同士が設計情報の共有をしやすくなります。実際の試作を行なう前に、コンピュータ上で部品の干渉問題も事前に把握できます。とはいえ、コンピュータはあくまでも道具にすぎませんから、フロントローディングに対する開発メンバーの理解と高い意識がなければ、導入効果は限定的です。要するに、道具は使う人次第ということです。

　図表7-5は、横軸が開発プロジェクトの時間経過を、縦軸が各時点における開発工数を表したものです。右の山のプロジェクトでは、試作品をつくった後に工数が増加しています。それに対して、フロントローディングを行なった左の山のプロジェクトのほうが、工数全体（山の面積）が少なく、開発期間も短縮できていることがわかります。

　以上のように、コンカレント・エンジニアリングとフロントローディングを効果的に組み合わせることによって、競争力の高い製品開発が実現できるのです。

第7章のポイント

- ✓ 製品開発の活動は、製品コンセプトが柱となって進む。
- ✓ 量産準備のための工程設計を行なうのも、製品開発の重要な役目である。
- ✓ 製品設計と工程設計の密な連携が、高品質な製品づくりにつながる。
- ✓ 開発コストを測る指標が、開発工数。
- ✓ 開発工数には、部品共通化の程度、部品メーカーの役割、製品のバリエーション、開発リーダーの力などが影響する。
- ✓ コンカレント・エンジニアリングとフロントローディングを組み合わせることによって、開発コスト低減と開発期間短縮の両立が可能となる。

注

〔第1章〕

1. 本田宗一郎［2008］『ざっくばらん』PHP研究所、7ページ。
2. この言葉の元祖は、近江商人（中世から近代にかけて活躍した近江地区出身の商人）が商売の心得10ヶ条を記した『近江商人十訓』にあると言われています。
3. ものづくりの概念を、工場内の生産活動に限定するのではなく開発と販売まで含めた幅広い視点で捉えるというのは、藤本隆宏［2004］『日本のもの造り哲学』日本経済新聞社、藤本隆宏他［2007］『ものづくり経営学』光文社などで提唱された考え方（「開かれたものづくり論」と呼ばれます）をベースにしています。
4. 楠木建は、企業がめざすべきゴールで最も大切なのが「長期にわたって持続可能な利益の獲得」だと述べています（楠木建［2010］『ストーリーとしての競争戦略』東洋経済新報社）。
5. 製品の価格設定の問題については上田隆穂／守口剛編［2004］『価格・プロモーション戦略』有斐閣など、マーケティング関連の専門書をお読みください。
6. 大きく差別化された製品の値づけに関して、ソニー創業者の盛田昭夫（1921-1999年）は次のように述べています。

    「新しい商品、見本も参考にするモノもない、こういう商品には"値頃感"というのが特に大切だ。このモノだったら、いくらなら売れるのか。モノには値頃感がある。ついでに言えば、どんないいモノでも『いいけど高い』、これは買わないよ。『高いけど、さすがだな』というのは買ってくれる。このニュアンスは、月とスッポンだぞ。値づけはこの呼吸が勝負なんだ」（森健二［2016］『ソニー盛田昭夫』ダイヤモンド社、356ページ）。

7. 藤本隆宏［2004］『日本のもの造り哲学』日本経済新聞社。
8. アーキテクチャという考え方と企業の競争力について詳しく勉強したい方は、藤本隆宏他編［2001］『ビジネス・アーキテクチャ』有斐閣をお読みください。
9. 日本のエレクトロニクス産業の競争力低下問題については、小川紘一［2015］『(増補改訂版) オープン＆クローズ戦略』翔泳社で詳しく分析されています。
10. 横井軍平［2012］『ものづくりのイノベーション「枯れた技術の水平思考」とは何か？』Pヴァイン・ブックス。

〔第2章〕

11. 大量生産システムの生成に関しての詳細な歴史研究に、Hounshell, D.A.［1984］*From the American System to Mass Production, 1800-1932*, The John Hopkins

12. University Pressがあります。
13. ＩＥは、アメリカＩＥ協会による定義では「人・モノ・設備の総合されたシステムの設計・改善・確立に関するもので、そのシステムから得られる結果を明確にし、予測し、かつ評価するために、工学的解析・設計の原理や方法とともに、数学・物理学・社会科学の専門知識と技術とを利用する」ものとされています（日本ＩＥ協会のホームページ http://www.j-ie.com より）。
13. 伊丹敬之他［2006］『ビジネススクール流「知的武装講座」Part Ⅲ』プレジデント社。
14. テーラー, F.W.（上野陽一訳）［1969］『科学的管理法』産業能率大学出版部、333ページ。
15. 伊丹敬之他［2006］『ビジネススクール流「知的武装講座」Part Ⅲ』プレジデント社。
16. テーラー, F.W.（上野陽一訳）［1969］『科学的管理法』産業能率大学出版部、315ページ。
17. 自動車産業の歴史に関する記述については、Crainer, S.［2000］*The Management Century*, Booz Allen & Hamilton、藤本隆宏［2001a］『生産マネジメント入門Ⅰ：生産システム編』日本経済新聞社、高橋伸夫［2015］『経営学で考える』有斐閣などを参考にしました。
18. 経済学を勉強したことのある人なら、**限界費用**という言葉を聞いたことがあると思います。限界費用というのは、生産量を１単位増やすのに必要な追加の費用のことです。この限界費用の推移を表した限界費用曲線と平均費用曲線が交差するところ（平均費用と限界費用が等しくなる点）が、その工場の最適生産規模ということになります（次ページの［補］図表参照）。
19. 経験曲線とよく似た概念に**学習曲線**（learning curve）があります。学習曲線は、累積生産量と単位あたり生産コストとの関係を表したものです。それに対して、販売費用までも含めた総コストと累積生産量との関係を表したのが経験曲線です。したがって、経験曲線のほうが学習曲線よりも幅広い概念だと言えます。
20. 網倉久永／新宅純二郎［2011］『マネジメント・テキスト　経営戦略入門』日本経済新聞出版社。
21. 高橋伸夫［2015］『経営学で考える』有斐閣。
22. 製品ライフサイクルの各段階に応じたマーケティング戦略の要諦については、沼上幹［2000］『わかりやすいマーケティング戦略』有斐閣がわかりやすいのでお薦めします。
23. Abernathy, W.J.［1978］*The productivity dilemma*, The John Hopkins

■[補] 図表　平均費用曲線と限界費用曲線

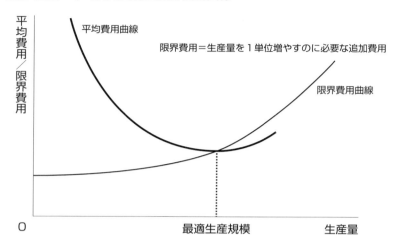

University Press。
[24] この大量システムが持つ課題についての議論は、岡本博公［1995］『現代企業の生・販統合』新評論を参考にしました。
[25] 同書の原書は、Womack, J. et al.［1990］*The Machine that Changed the World*, Rawson/MacMillan。

〔第3章〕
[26] 本章は、藤本隆宏［2001a］『生産マネジメント入門Ⅰ：生産システム編』日本経済新聞社、山田秀［2006］『TQM品質管理入門』日本経済新聞出版社、富田純一／糸久正人［2015］『コア・テキスト 生産管理』新世社などを参考にしました。
[27] 様々な標準規格を策定する国際団体であるISO（国際標準化機構）による品質の定義では「本来備わっている特性の集まりが、要求事項を満たす程度」とされています。
[28] このように、消費者が評価する品質のことを**知覚品質**（perceived quality）と言います。
[29] 本章では読者の理解を促すため、「欧米的な品質管理」「日本的な品質管理」と両者をあえて対照的に描いていますが、あくまでも理念型です。言うまでもなく、すべての欧米企業と日本企業がこのようなアプローチを選択しているわけではありません。

[30] 2009年から2010年にかけて、トヨタはアメリカで車のアクセルペダル等の不具合に関するリコール（無償回収・修理）問題を起こしました。この問題に関して米司法省はトヨタに対し約1,200億円という自動車メーカーが支払う額ではそれまでで史上最高の制裁金を課しました。その背景の1つには、同社の対応遅れもあったのですが、同時にトヨタ車の品質に対する極めて高い信頼性があったからだとも言えるでしょう。

[31] 全数検査を行なったとしても、検査ミスがあったり、設計品質そのものに問題があったりする場合など、必ずしも不良品がゼロにはなるとは限りません。

[32] TQCの思想を経営活動全体にまで拡大した**TQM**（Total Quality Management）というものもありますが（主に1990年代以降に提唱されました）、全社的に品質向上に取り組むという基本的な考え方はどちらも同じです。

[33] 本田技研工業［1999］『語り継ぎたいこと』（本田技研工業発行）。本田宗一郎に関する逸話や生涯については、伊丹敬之［2010］『本田宗一郎』ミネルヴァ書房、伊丹敬之［2012］『人間の達人 本田宗一郎』PHP研究所をお薦めします。

[34] 岩倉信弥［2013］『1分間本田宗一郎：常識を打ち破る人生哲学77』ソフトバンククリエイティブ、16ページ。

[35] じつはTQCという概念そのものの発祥地は、日本ではなく欧米でした。本文で述べたように欧米では、20世紀前半に統計学をベースとした検査中心の品質管理という側面が強くなりすぎたことへの反省から、1950年代の終わりごろに、不良予防も含めた総合的な品質管理を部門横断的に進めるべきであるというTQCのベースとなる思想が提唱されました。しかしながら、専門分業思想の強い欧米では、全社一丸となって品質向上に取り組むという形がなかなか受け入れられませんでした。ところが1980年代、日本製品の品質の良さに対する世界的な注目を契機に、欧米でもTQCを再評価する流れが生まれました。親が子供の行動を見て自己反省するという皮肉な現象が起きたのです。

[36] 筆者が訪問した外国の日系工場では、5SをSort（整理）、Set in order（整頓）、Shine（清掃）、Standardize（清潔）、Self discipline（躾）と英訳していました。

[37] 例えば、ホンダの開発・生産現場では作業服の色は白と決められています。「よい製品はきれいな職場から生まれる」という考え方から、あえて汚れの目立つ白色にしているのです。

[38] 自動車の生産で言えば、現在、ボディ用の鉄板プレスや溶接工程の自動化率は一般的に90％以上ありますが、その後の部品組み付け工程（ボディにエンジンや内装品などを取り付ける工程）ではせいぜい10％程度です。工場見学に行くとわかりますが、まだまだ人による組立作業の占める割合が圧倒的に多いというのが自

動車生産の特徴です。
39 「自働化」は、トヨタ自動車を創業した豊田喜一郎（1894-1952年）の父、豊田佐吉（1867-1930年）が発明した自動織機に源流があると言われています。佐吉は、機械が布を織っている最中に糸が切れたことを検知すると、自動的に織機が停止する装置を組み込み、不良品の発生を防止しました。
40 大野耐一［1978］『トヨタ生産方式』ダイヤモンド社、藤本隆宏［2001a］『生産マネジメント入門Ⅰ：生産システム編』日本経済新聞社。
41 QCサークルは企業によって様々な呼称があり、例えばホンダでは「ＮＨ（New Honda）サークル」と呼ばれています。
42 沼上幹［2003］『組織戦略の考え方』ちくま新書と、藤本隆宏［2004］『日本のもの造り哲学』日本経済新聞社は、標準化を官僚制になぞらえ、官僚制にも「良い官僚制」と「悪い官僚制」があると指摘しています。

〔第4章〕
43 本章の記述は、藤本隆宏［2001a］『生産マネジメント入門Ⅰ：生産システム編』日本経済新聞社、藤本隆宏編［2003］『生産・技術システム』八千代出版（第1章）、加登豊／山本浩二［2012］『（第2版）原価計算の知識』日本経済新聞出版社などを参考にしています。
44 減価償却の方法には、計上する費用を毎年一定の比率で減らしていく**定率法**もあります。
45 会計用語では、在庫のことを**「棚卸資産」**と呼びます。
46 生産性の比較で、製品の販売額や材料費といった金額を単位に利用する場合には、生産現場の能力だけでなく、為替や国による賃金水準の違い、商品力などの影響を受けることに注意してください。
47 藤本隆宏／武石彰［1994］『自動車産業21世紀へのシナリオ』生産性出版、藤本隆宏［2003］『能力構築競争』中公新書など。
48 腕時計生産のケースは、一橋大学商学部経営学部門編［1999］『経営学概論』税務経理協会（第1章）を参考にしました。
49 トヨタ自動車の組立工程（クルマのボディにエンジンや内装部品などを取り付ける工程）のサイクルタイム内における正味作業時間比率は、約50％と言われています。
50 多能工の反対は、**単能工**です。
51 藤本隆宏［2003］『能力構築競争』中公新書、藤本隆宏［2004］『日本のもの造り哲学』日本経済新聞社など。

[52] 日本企業の低利益率問題について詳細に分析したものに、三品和広［2004］『戦略不全の論理』東洋経済新報社、三品和広［2011］『どうする？　日本企業』東洋経済新報社や伊丹敬之編［2006］『日米企業の利益率格差』有斐閣などがあります。

〔第5章〕

[53] フェラーリ創業者のエンツォ・フェラーリ（1898-1988年）が常々口にしていた言葉だそうです（奥山清行［2007］『フェラーリと鉄瓶』PHP研究所）。

[54] ものづくりに必要な各活動を自社内に取り込んでいくことを**垂直統合**（vertical integration）と言います。

[55] 経済のグローバル化が進んでいる今、製品の仕向け先も世界各国に拡がっています。したがって、生産地から消費市場までの輸送の問題（**ロジスティクス**と呼ばれる領域）がこれまで以上に重要になってきています。詳細は、本書シリーズの湯浅和夫［2009］『この1冊ですべてわかる　物流とロジスティクスの基本』日本実業出版社などをお読みください。

[56] 生産ロットをさらに小さくしていくと、究極的には製品1個単位でつくり分けることになります。

[57] 工程流れ図を描くときには、在庫を▽、加工は○と表記するのが慣例です。

[58] 何かをまとめて行なう作業単位（量）のことを**ロット**と言います。例えば、まとめて輸送する単位であれば、輸送ロットと表現できます。

[59] 生産リードタイム全体のなかで正味作業時間（第4章参照）が占める比率になるともっと低くなり、トップ企業でも200分の1程度と言われます。

[60] この在庫の役割と機能については、藤本隆宏［2001a］『生産マネジメント入門Ⅰ：生産システム編』日本経済新聞社、富田純一／糸久正人［2015］『コア・テキスト　生産管理』新世社などを参考にしました。

[61] 『日経ビジネス』（2000年4月10日号）。

[62] 同書の原書は、Goldratt, E.M./Cox J.［1984］*The Goal*, North River Press。

[63] 「ボトルネック工程に注目し、総合的に生産性を上げていく」いう制約条件の理論（ＴＯＣ）のエッセンスについては、「生産管理の世界では昔からの定石であって、それほど目新しいところはない」と言われることもあります。

　そもそも、ＴＯＣ提唱者のゴールドラット自身が、トヨタ生産方式からそのヒントを得たと公言しています。しかしＴＯＣを紹介した『ザ・ゴール』（ダイヤモンド社）が、その圧倒的な理解のしやすさと、生産管理に興味のない人にも親しみやすい小説という形をとっていたこともあり、世界的な注目を浴びることに

なりました。内容は、主人公のアレックスが不振に陥った工場の再建を任されて孤軍奮闘する物語です。小説そのものとしても面白いので、読者の皆さんもぜひ読んでみてください。

64 かんばん方式は、今では様々な業界や国で通用するまでになりました。ちなみに、トヨタ内では「かんばん」と平仮名で書くのが正式表記です。

65 かんばん方式をつくり上げた中心人物である大野耐一（1912-1990年、元トヨタ自動車副社長）は、同方式が生まれた当時について「生産計画の変更があると、コンピュータでは2週間かかり、対応が遅れる。仮にコンピュータが瞬時に在庫計算をしたとしても、現場の対応が遅れれば、やはり間に合わない。その点、かんばんなら…」と語っています（下川浩一／藤本隆宏編［2001］『トヨタシステムの原点』文眞堂、16ページ）。この発言からも、当時のＭＲＰが不足していた能力を補うものとしてかんばん方式が位置づけられていたことが推測できます。

66 現在は、紙のかんばんではなく、ＩＣＴを利用した「電子かんばん」に変わりつつありますが、運用に関する基本的な考え方は同じです。

67 トヨタが具体的にどうやって完成車の生産計画を立てて、購買計画へと展開しているのかという詳細に興味がある方は、富野貴弘［2012］『生産システムの市場適応力』同文舘出版をお読みください。

68 「かんばん方式」の仕組みや、その歴史について詳しく勉強したいという方には、門田安弘［2006］『トヨタ プロダクションシステム』ダイヤモンド社、和田一夫［2013］『ものづくりを超えて』名古屋大学出版会などをお薦めします。

〔第6章〕

69 例えば、液晶テレビでは、製造原価の80％以上を液晶パネルの部品費が占めると言われています。

70 この製品開発の特徴に関する記述は、延岡健太郎［2002］『製品開発の知識』日本経済新聞社の議論をベースにしています。

71 近能善範／高井文子［2010］『コア・テキスト イノベーション・マネジメント』新世社。

72 様々な産業のケースをもとに、現代のものづくりが複雑化の様相をますます深めていることを指摘・分析しているのが、藤本隆宏編［2013］『「人工物」複雑化の時代』有斐閣です。

73 一般の消費者が買うような消費財と企業向けにつくられる生産財（部材）という区分でも、競争力上重要になる差別化の程度が異なってきます。消費財の場合は、製品コンセプトが大事になりますが、生産財だと、買う側が技術の目利きを持っ

たプロフェッショナルですから、どちらかというと技術面での差別化が重要になります。
74 楠木建は、企業の事業の仕組みにおいても提供する価値の本質を定めたコンセプトが最も重要であると指摘しています（楠木建［2010］『ストーリーとしての競争戦略』東洋経済新報社）。
75 2015年のトヨタ自動車の年間生産台数は約900万台、それに対してフェラーリは7,000台です。
76 工場での生産が始まり販売が始まった後でも、生産の不具合や製品に対する市場での反応を見ながら、設計変更を行なうこともよくありますので、厳密に言えば、量産後も製品開発作業が終わるわけではありません。
77 この節は、藤本隆宏［2001b］『生産マネジメント入門Ⅱ：生産資源・技術管理編』日本経済新聞社、延岡健太郎［2002］『製品開発の知識』日本経済新聞社、延岡健太郎［2006］『MOT［技術経営］入門』日本経済新聞社、近能善範／高井文子［2010］『コア・テキスト イノベーション・マネジメント』新世社などを参考にしています。
78 本ケースの記述は、『日経エレクトロニクス』（2001年7月30日・8月13日・8月27日、9月24日号）の記事を再構成しました。

〔第7章〕

79 マーケティング論の世界では、特定の製品に対する要望のことをウォンツ（wants）と言ってニーズと区別することがあります。例えば「喉の乾きを潤したい」というのがニーズで、「オレンジジュースを飲みたい」というのがウォンツです。ただし本書では、同義語として用いています。
80 楠木建［2010］『ストーリーとしての競争戦略』東洋経済新報社。
81 行動観察の入門書として、松波晴人［2013］『「行動観察」の基本』ダイヤモンド社があります。エスノグラフィーとは、もともと文化人類学や社会学で用いられてきた定性調査手法で、調査対象のなかに深く入り込み、集団（社会）の潜在的な行動様式を探ろうとするものです。
82 Isaacson, W.［2011］*Steve Jobs*, Simon & Schuster（邦訳版Ⅱ巻86ページ）。
　一橋大学の楠木建は、アップル製品の強みについて次のように説明しています。
　「iPodに限らず、アップルの強みは、デザイン力にあると言われます。しかし、シンプルなデザインは結果にすぎません。商品コンセプト自体がきわめてシンプルに定義されているので、デザインも必然的にシンプルになる」（『文藝春秋』2013年11月号）

かつて任天堂のゲーム開発者だった横井軍平も「技術者は余計なものを詰め込みたがる。なにが必要なのかを考えるのではなく、なにが不必要なのかを考えるべきだ」と常々言っていたそうです（牧野武文［2015］『任天堂ノスタルジー』角川新書、146ページ）。

83 楠木建［2010］『ストーリーとしての競争戦略』東洋経済新報社。

84 じつは「瓦版」というのは明治時代以降の呼び名で、江戸時代には、売り子が記事を読み上げながら売っていたことから「読み売り」と呼ばれていたそうです。

85 小林三郎［2012］『ホンダ イノベーションの神髄』日経BP社。

86 本田宗一郎［2008］『ざっくばらん』PHP研究所、7ページ。

87 平井敏彦他／小早川隆治編［2003］『マツダ／ユーノスロードスター』三樹書房 19ページ。

88 トヨタ自動車では、1960年代に原価企画の考え方と手法が確立されたと言われています。詳しくは、岡野浩／小林英幸編［2015］『コストデザイン』大阪公立大学共同出版会をお読みください。

89 企業によって開発リーダーの呼称は様々です。例えば、トヨタでは「チーフエンジニア（ＣＥ）」、ホンダでは「ラージプロジェクトリーダー（ＬＰＬ）」と呼ばれます。

90 平井敏彦他／小早川隆治編［2003］『マツダ／ユーノスロードスター』三樹書房。

91 藤本隆宏／キムB.クラーク［2009］『（増補版）製品開発力』ダイヤモンド社。

92 平井敏彦他／小早川隆治編［2003］『マツダ／ユーノスロードスター』三樹書房、14ページ。

93 この節以降は、藤本隆宏［2001b］『生産マネジメント入門Ⅱ：生産資源・技術管理編』日本経済新聞社、延岡健太郎［2002］『製品開発の知識』日本経済新聞社、延岡健太郎［2006］『MOT［技術経営］入門』日本経済新聞社、近能善範／高井文子［2010］『コア・テキスト イノベーション・マネジメント』新世社などを参考にしています。

参考文献

- 青木幹晴［2012］『自動車工場のすべて：エンジン製造・塗装・組立から生産管理の秘訣まで』ダイヤモンド社
- 網倉久永／新宅純二郎［2011］『マネジメント・テキスト 経営戦略入門』日本経済新聞出版社
- 伊丹敬之／沼上幹／関満博／加護野忠男［2006］『ビジネススクール流「知的武装講座」Part Ⅲ』プレジデント社
- 伊丹敬之編［2006］『日米企業の利益率格差』有斐閣
- 伊丹敬之［2010］『本田宗一郎：やってみもせんで、何がわかる』ミネルヴァ書房
- 伊丹敬之［2012］『人間の達人 本田宗一郎』PHP研究所
- 岩倉信弥［2013］『1分間本田宗一郎：常識を打ち破る人生哲学77』ソフトバンククリエイティブ
- 上田隆穂／守口剛編［2004］『価格・プロモーション戦略：現代のマーケティング戦略②』有斐閣アルマ
- 大野耐一［1978］『トヨタ生産方式：脱規模の経営をめざして』ダイヤモンド社
- 岡野浩／小林英幸編［2015］『コストデザイン：トヨタ／研究者の実践コミュニティ理論』大阪公立大学共同出版会
- 岡本博公［1995］『現代企業の生・販統合：自動車・鉄鋼・半導体企業』新評論
- 小川紘一［2015］『（増補改訂版）オープン＆クローズ戦略：日本企業再興の条件』翔泳社
- 奥山清行［2007］『フェラーリと鉄瓶：一本の線から生まれる「価値あるものづくり」』PHP研究所
- 加登豊／山本浩二［2012］『（第2版）原価計算の知識』日本経済新聞出版社
- 楠木建［2010］『ストーリーとしての競争戦略：優れた戦略の条件』東洋経済新報社
- 経済産業省［2011］『2011年版ものづくり白書』
- 小林三郎［2012］『ホンダ イノベーションの神髄：独創的な製品はこうつくる』日経BP社
- 近能善範／高井文子［2010］『コア・テキスト イノベーション・マネジメント』新世社
- 塩見治人［1978］『現代大量生産体制論：その成立史的研究』森山書店
- 下川浩一／藤本隆宏編［2001］『トヨタシステムの原点：キーパーソンが語る起源と進化』文眞堂

- 高橋伸夫［2015］『経営学で考える』有斐閣
- テーラー, F.W.（上野陽一訳）［1969］『科学的管理法』産業能率大学出版部
- 富田純一／糸久正人［2015］『コア・テキスト 生産管理』新世社
- 富野貴弘［2012］『生産システムの市場適応力：時間をめぐる競争』同文舘出版
- トヨタ自動車［2013年］『トヨタ自動車75年史 資料編』（トヨタ自動車発行）
- 西村吉雄［2014］『電子立国は、なぜ凋落したか』日経BP社
- 沼上幹［2000］『わかりやすいマーケティング戦略』有斐閣アルマ
- 沼上幹［2003］『組織戦略の考え方：企業経営の健全性のために』ちくま新書
- 延岡健太郎［2002］『製品開発の知識』日本経済新聞社
- 延岡健太郎［2006］『MOT［技術経営］入門』日本経済新聞社
- 一橋大学商学部経営学部門編［1999］『経営学概論』税務経理協会
- 平井敏彦他／小早川隆治編［2003］『マツダ／ユーノスロードスター：日本製ライトウェイトスポーツカーの開発物語』三樹書房
- 藤本隆宏／武石彰［1994］『自動車産業21世紀へのシナリオ：成長型システムからバランス型システムへの転換』生産性出版
- 藤本隆宏［2001a］『生産マネジメント入門Ⅰ：生産システム編』日本経済新聞社
- 藤本隆宏［2001b］『生産マネジメント入門Ⅱ：生産資源・技術管理編』日本経済新聞社
- 藤本隆宏／青島矢一／武石彰編［2001］『ビジネス・アーキテクチャ：製品・組織・プロセスの戦略的設計』有斐閣
- 藤本隆宏［2003］『能力構築競争：日本の自動車産業はなぜ強いのか』中公新書
- 藤本隆宏編［2003］『生産・技術システム』八千代出版
- 藤本隆宏［2004］『日本のもの造り哲学』日本経済新聞社
- 藤本隆宏／東京大学21世紀COEものづくり経営研究センター［2007］『ものづくり経営学：製造業を超える生産思想』光文社文庫
- 藤本隆宏／キムB.クラーク（田村明比古訳）［2009］『（増補版）製品開発力：自動車産業の「組織能力」と「競争力」の研究』ダイヤモンド社
- 藤本隆宏編［2013］『「人工物」複雑化の時代：設計立国日本の産業競争力』有斐閣
- 本田技研工業［1999］『語り継ぎたいこと：チャレンジの50年』（本田技研工業発行）
- 本田宗一郎［2008］『ざっくばらん』PHP研究所
- 牧野武文［2015］『任天堂ノスタルジー：横井軍平とその時代』角川新書
- 松波晴人［2013］『「行動観察」の基本』ダイヤモンド社

- 三品和広［2004］『戦略不全の論理：慢性的な低収益の病からどう抜け出すか』東洋経済新報社
- 三品和広［2011］『どうする？　日本企業』東洋経済新報社
- 森健二［2016］『ソニー盛田昭夫："時代の才能"を本気にさせたリーダー』ダイヤモンド社
- 門田安弘［2006］『トヨタ プロダクションシステム：その理論と体系』ダイヤモンド社
- 山田秀［2006］『TQM品質管理入門』日本経済新聞出版社
- 湯浅和夫［2009］『この1冊ですべてわかる　物流とロジスティクスの基本』日本実業出版社
- 横井軍平［2012］『ものづくりのイノベーション「枯れた技術の水平思考」とは何か？』Pヴァイン・ブックス
- 和田一夫［2013］『ものづくりを超えて：模倣からトヨタの独自性構築へ』名古屋大学出版会

- Abernathy, W.J.［1978］*The productivity dilemma: Roadblock to innovation in automotive industry*, The John Hopkins University Press.
- Crainer, S.［2000］*The Management Century*, Booz Allen & Hamilton.（嶋口充輝監訳［2000］『マネジメントの世紀 1901〜2000』東洋経済新報社）
- Goldratt, E.M./Cox J.［1984］*The Goal: A Process of ongoing improvement*, North River Press.（三本木亮訳［2001］『ザ・ゴール：企業の究極の目的とは何か』ダイヤモンド社）
- Hounshell, D.A.［1984］*From the American System to Mass Production, 1800-1932: The Development of Manufacturing Technology in the United States*, The John Hopkins University Press.（和田一夫／金井光太朗／藤原道夫訳［1998］『アメリカン・システムから大量生産へ 1800-1932』名古屋大学出版会）
- Isaacson, W.［2011］*Steve Jobs: The Biography*, Simon & Schuster.（井口耕二訳［2011］『スティーブ・ジョブズ Ⅰ・Ⅱ』講談社）
- Juran, J.M. and Gryna, F.M.［1988］*Quality control Handbook*: 4th ed. McGraw Hill.
- Womack, J./Jones, D./Roos, D.［1990］*The Machine that Changed the World*, Rawson/MacMillan.（沢田博訳［1990］『リーン生産方式が、世界の自動車産業をこう変える。：最強の日本車メーカーが欧米を追い越す日』経済界）

索 引

[事項]

数字・欧文

- 1個流し生産 ……………………………… 137
- 5S ………………………………………………… 83
- 5W1H ……………………………………… 175
- 7つのムダ ………………………………… 110
- ABC ………………………………………………… 98
- CAD ……………………………………… 162, 183
- CVP分析 …………………………………… 102
- design for manufacturing ……… 186
- ISO ………………………………………………… 92
- manufacturing for design ……… 186
- MRP ……………………………………… 144, 146
- PDCAサイクル ………………………… 90, 113
- POS ……………………………………………… 128
- QC (Quality Control) サークル …… 85
- QC7つ道具 …………………………………… 86
- QCD ……………………………………… 18, 115
- SQC ………………………………………………… 78
- TOC ……………………………………………… 141
- TQC ………………………………………………… 80

ア 行

- アーキテクチャ …………… 23, 30, 32, 168
- アウトソーシング ……………………… 105
- 粗利益 …………………………………………… 95
- 安全在庫 ……………………………………… 138
- 移動組立方式 …………………………… 49, 51
- インダストリアル・エンジニアリング … 42
- 内段取り ……………………………………… 133
- 売上高営業利益率 ……………………… 114
- 営業費 …………………………………………… 95
- 営業利益 ……………………………………… 95
- エスノグラフィー ……………………… 177
- エンジニアリングチェーン ………… 163
- 欧米企業 ………………………………………… 76

カ 行

- 改善 ………………………………………… 44, 85
- 外注加工 ……………………………………… 184
- 開発期間 ……………………………………… 192
- 開発工数 ………………………………… 187, 188
- 開発生産性 …………………………………… 188
- 開発リーダー …………………………… 166, 182
- 外部不良 ………………………………………… 72
- 科学的管理法 …………………………… 40, 96
- 学習曲線 ……………………………………… 199
- 過剰品質 ………………………………… 20, 191
- 活動基準原価計算 ………………………… 98
- 稼動分析 ……………………………………… 111
- 可動率 ………………………………………… 139
- 稼動率 ………………………………………… 139
- 間接費 …………………………………………… 95
- 間接費の配賦 …………………………… 97, 98
- かんばん方式 ……………………… 146, 149, 204
- 管理図 …………………………………………… 88
- 季節変動対応在庫 ……………………… 138
- 機能設計 ……………………………………… 162
- 機能部門 ……………………………………… 165
- 機能別組織 ………………………………… 167
- 規模の経済 ……………………………… 53, 131
- 経験曲線効果 ……………………………… 54
- 経済的最適品質水準 …………………… 75
- 計数選別型抜き取り検査 ……………… 78
- 限界費用 ……………………………………… 199
- 原価企画 ……………………………………… 181

原価差異	96
減価償却	94
減価償却費	53, 94
原価標準	96
研究開発費	187
顕在ニーズ	177
原材料生産性	106
公差	73
工数	107
工程管理	129
工程設計	163, 183
工程流れ図	135
工程能力	76
行動観察	177
購買計画	142, 144
顧客創造	29
固定費	53, 94, 104
コモディティ化	28
コンカレント・エンジニアリング	193

【 サ 行 】

サイクル在庫	138
サイクルタイム	108
在庫	100, 125
最適生産規模	54
サプライチェーン	124, 163
差別化	14, 30, 176
差別的出来高払い制度	42
参入障壁	28
散布図	88
仕掛品	123
時間研究	42
資材所要量計画	144
自然的怠業	41
実際原価	96
自動化	84
ジャスト・イン・タイム（JIT）生産方式	148

習熟率	54
受注生産	121, 126
需要予測	125, 130
詳細設計	162
小集団活動	85
省人化	112
正味作業	111
正味作業時間比率	113
所要量	144
人馬一体	179
衰退期	60
垂直統合	203
スケールメリット	53
スループット	100
スループット会計	100
スループットタイム	134
生産計画	128
生産指示かんばん	147
生産性	101, 106
生産性のジレンマ	62
生産能力	76
生産の平準化	150
生産リードタイム	134, 136
生産ロット	133, 135
成熟期	60
製造原価	94, 155
製造品質	69, 174, 186
成長期	60
製品アーキテクチャ	23, 35
製品企画力	28
製品コンセプト	28, 71, 161, 175
製品ライフサイクル	60
制約条件の理論	140
設計品質	69, 174
設備生産性	106
先行者利益	160, 192
潜在ニーズ	177
全社的品質管理	80

全数検査	79
全部原価計算	98
専用工作機械	50
操業度	94
総原価	95
総合品質	70
層別	88
組織的怠業	41
外段取り	133
損益計算書	95
損益分岐点	63, 103, 131, 133
損益分岐点比率	104

【 タ 行 】

代用特性	71
大量生産	33, 38, 163, 183
棚卸資産	202
多能工	113
多品種生産	59
単純出来高払い	40
段取り替え	131, 133
単能工	202
チーフエンジニア(CE)	206
チェックシート	88
知覚品質	200
直接費	95
ツーボス・システム	166
強い工場、弱い本社	116
定額法	94
ディカップリング在庫	139
定置組立方式	51
テイラリズム	90
定率法	202
デザイン・イン	190
デミング賞	91
統計的品質管理	78
動作研究	41
同時並行設計	193

導入期	60
特性要因図	86
ドミナント・デザイン	61
トヨタ生産方式	140

【 ナ 行 】

内外製区分の決定	180
内部請負制	41
内部不良	72
流れ作業方式	51
「なぜ」を繰り返す	84
日本企業	14, 76, 115
ニンベンのある自働化	84
抜き取り検査	78

【 ハ 行 】

パイプライン在庫	137
パイロットラン	163
バッファー(緩衝)在庫	138
パレート図	86
販売機会損失	125
販売費及び一般管理費	95
引き取りかんばん	147
ヒストグラム	87
紐スイッチ	82
標準化	42, 49, 50, 90
標準原価計算	96, 181
標準作業	41, 184
標準作業時間	109
標準作業票	113
標準の改訂	90
品質のつくり込み	80, 82
フィッシュボーンチャート	86
フォーディズム	90
フォード・システム	49
付加価値	110
付随作業	111
歩留まり	72

部品共通化 …………………………………… 188	マーケティング・ミックス ……………… 16
部品の互換性 ………………………………… 49	見込み生産 …………………………… 121, 125
プラットフォーム …………………………… 54	ムダな作業 …………………………………… 111
不良品は現行犯で捕まえる ……………… 82	目標原価 ……………………………………… 182
フルライン戦略 ……………………………… 58	モジュラー化 …………………………… 27, 28
フレキシビリティ …………………………… 59	モデルチェンジ ……………………………… 48
プロジェクト重視型組織 ………………… 168	問題の見える化 ……………………………… 83
フロントローディング …………………… 195	問題発見力 …………………………………… 30
分業 …………………………………… 49, 50, 165	

【　　　　　ラ　行　　　　　】

平均費用 ……………………………………… 53	ラージプロジェクトリーダー（ＬＰＬ）
ベルトコンベア ……………………………… 51	……………………………………………… 206
便益（benefit）の束 ……………… 17, 71	リーン生産システム ………………………… 66
変動費 ……………………………… 53, 94, 105	良品率 ………………………………………… 72
ポカヨケ ……………………………………… 84	労働生産性 …………………………… 106, 108
ボトムアップ ………………………………… 85	ロジスティクス …………………………… 203
ボトルネック ……………………………… 140	ロットサイズ在庫 ………………………… 137

【　　　　　マ　行　　　　　】

マーケティングの4P ………………………… 16

[人名・企業名・ブランド名・商品名など]

【　　　　　欧　文　　　　　】

GM ……………………………………………… 57	
G-SHOCK …………………………… 71, 176	
iPhone ………………………………… 14, 31	
iPod …………………………………………… 29	
Mac …………………………………………… 14	
T型フォード ……………………………… 47, 52	
Walkman ……………………………………… 29	

【　　　　　カ　行　　　　　】

カシオ ………………………………… 71, 176
ゴールドラット，エリヤフ …………… 141

【　　　　　サ　行　　　　　】

シャープ …………………………………… 170
ジョブズ，スティーブ …………………… 178
スローン Jr., アルフレッド P. ………… 58
ソニー ………………………………………… 29

【　　　　　ア　行　　　　　】

アップル ……………………………………… 14
アバナシー，ウィリアム J. ……………… 62
エジソン，トーマス ………………………… 46
大野耐一 …………………………………… 84, 204

【　　　　　タ　行　　　　　】

チャップリン，チャールズ ……………… 43
テイラー，フレデリック W. ………… 39, 40
トヨタ自動車 …………………… 65, 68, 124, 146
ドラッカー，ピーター …………………… 29

213

【　　　　ナ　行　　　　】

任天堂 ………………………………………… 29

【　　　　ハ　行　　　　】

ハイランド・パーク工場 ……………… 50, 51
フェラーリ ……………………………………… 68
フォード，ヘンリー ………………………… 39, 45
プリウス ………………………………………… 68
プリクラ（プリント倶楽部） ……… 159, 171
ベンツ，カール ……………………………… 45
ホンダ …………………………………………… 80

【　　　　マ　行　　　　】

本田技研工業 ………………………………… 80
本田宗一郎 ………………………………… 9, 80, 179
松下幸之助 …………………………………………… 9
マツダ ………………………………………… 179
盛田昭夫 ……………………………………… 198

【　　ヤ・ラ　行　　】

横井軍平 ……………………………………… 29, 206
リバー・ルージュ工場 ……………………… 51
ロードスター ………………………………… 179

富野貴弘（とみの　たかひろ）
1972年生まれ、京都市出身。
明治大学商学部教授。2003年同志社大学大学院商学研究科博士後期課程満期退学。京都大学博士（経済学）。
明治大学講師、准教授を経て2012年より現職。担当科目は「生産管理論」。
著書に『生産システムの市場適応力：時間をめぐる競争』（同文舘出版）、『日産プロダクションウェイ：もう一つのものづくり革命』（共著、有斐閣）、『日本のものづくりと経営学』（共著、ミネルヴァ書房）、"Market flexible customizing system (MFCS) of Japanese vehicle manufacturers: An analysis of Toyota, Nissan and Mitsubishi" *International Journal of Production Economics*, Vol.118, No.2（共著）などがある。

この1冊ですべてわかる
生産管理の基本
2017年2月20日　初版発行

著　者　富野貴弘　©T.Tomino 2017
発行者　吉田啓二
発行所　株式会社日本実業出版社
東京都新宿区市谷本村町3-29 〒162-0845
大阪市北区西天満6-8-1 〒530-0047
編集部　☎03-3268-5651
営業部　☎03-3268-5161　振替　00170-1-25349
http://www.njg.co.jp/
印刷／厚徳社　製本／共栄社

この本の内容についてのお問合せは、書面かFAX（03-3268-0832）にてお願い致します。
落丁・乱丁本は、送料小社負担にて、お取り替え致します。

ISBN 978-4-534-05473-9　Printed in JAPAN

日本実業出版社の本

基本的しくみから導入・改善まで
図解 生産管理のすべてがわかる本

石川和幸
定価 本体 1600円（税別）

ものづくりに携わるすべての人に向けて、生産管理の目的やさまざまな手法を、2ページ見開きで丁寧に解説。新製品開発、見込生産、個別受注生産の生産管理の方法を分けて説明します。

プロジェクトを必ず成功させる
生産管理システム構築のすべて

北村友博
定価 本体 2800円（税別）

工場業務の最適化を実現する生産管理システム構築に必要な業務知識と開発テクニックが具体的にわかる1冊。著者の経験にもとづくMRPやBOMなどの実践的なノウハウも紹介します。

図解 基本からよくわかる
品質管理と品質改善のしくみ

西村 仁
定価 本体 1600円（税別）

ものづくり企業で欠かせない品質管理の役割を紹介したうえで、具体的なアクションにつながる品質改善のコツを、新入社員でも全体像がすぐにつかめるように、やさしく解説します。

元トヨタ基幹職が書いた
全図解 トヨタ生産工場〔生産管理・品質管理〕のしくみ

青木幹晴
定価 本体 2000円（税別）

トヨタを知り尽くす著者が、トヨタ生産方式のしくみを大公開。効率的でコストを削減できるトヨタの生産管理・品質管理・原価管理の手法を、図解と具体的なデータで詳しく解説します。

定価変更の場合はご了承ください。